# 白银投资实战手册

BAIYINTOUZI SHIZHANSHOUCE

纪永英　董媛媛／著

西南财经大学出版社
Southwestern University of Finance & Economics Press

# CONTENTS 目录

# 序言

## 白银投资，大道至简

如果有人问，近几年表现最牛的大众投资产品是什么？相信很多人会毫不犹豫地回答：黄金。2010年，美股涨幅为10%，而A股则大跌14.5%，基金也是跌多涨少，黄金却从2010年年初的1 100美元/盎司疯狂上涨至1 400美元/盎司，涨幅接近30%。

不过，另一个投资产品的表现，让黄金的涨势在它面前，只是小巫见大巫。它就是被投资界遗忘近30年的白银。

这种曾经辉煌千年却在过去30年的时间里几乎被投资界遗忘了的贵金属白银，在2010年强势进入人们的视野，成为投资市场上的“猛将”，让白银投资者尝尽了甜头，投资界、媒体界多次发出了“白银时代悄然来临”的感叹。

在2010年的国际市场上，白银价格从年初的17美元/盎司一路飙升至年底的30.50美元/盎司，上涨了80%，而一直受人热捧的保值首选产品——黄金的涨幅只有30%。同年，国内市场上白银的表现同样抢眼，从每克4元涨至每克7元左右，涨幅达到82%。

2011年，白银给投资者带来的惊喜远没有结束。经1月份短暂的调整之后，白银进入了更加疯狂的上涨周期，价格从年初的31美元/盎司一度上涨至49.77美元/盎司，甚至出现单月涨幅47.9%的奇迹。这是金价1%的累计涨幅远远无法企及的，也远远超出全球主要股市的涨幅。相关资料显示，过去10年间，银价上涨了937%。①

2012年，白银又在投资市场中扮演了一回“黑马”的角色，涨幅达到16%左右；2013年，白银投资市场虽波动很大，但整体而言，仍走势坚挺。一路走来，白银逐渐成为投资界的新宠。2014年，其投资前景仍为很多专家所看好。

银价的一路飙升以及与黄金相比其投资门槛较低的特点，吸引着越来越多的投资者进入白银投资界。工商银行的白银业务方面，每年新增的开户数都很多。

但是，紧接着白银市场迎来了一波暴跌行情，狂热的投资者被惊出了一身冷汗。一些在白银投资市场赚得盆满钵满的投资者瞬间血本无归。

面对银价暴涨暴跌的动荡走势，普通投资者陷入了两难情绪：“白银会迎来下一波的上涨行情吗？其上涨行情是否已是强弩之末？我到底是参与还是退出？”参与，怕银价已见顶，接下来只有

① 纪永英．白银投资必胜术［M］．太原：山西人民出版社，2011.

下跌；退出，怕银价继续上涨，错过一次让财富增值的机会。

投资者之所以出现这样的困惑，除了因为白银投资具有高回报、高风险的特性外，更因为白银是一种新兴的投资品，对白银投资知识的缺乏，让不少投资者犹如雾里看花，常常人云亦云，在专家们的声音中迷失方向。于是，某些投资者在银价刚开始上涨时听信市场传言，以为银价见顶，过早出手收藏多年的银币，而后银币价格一路上涨，投资者白白折损了几倍收入，懊恼不已。

也常有这样的故事发生：某位投资者在银价疯狂上涨时获利8万元，但未能及时抛售，随后遭遇银价下跌，最后颗粒无收。

还有的投资者在购买实物白银时，没有考虑及早寻找回购渠道，结果在银价上涨时，抛售无门，白白错过了最佳兑现时机。

2014年，央视“3·15”晚会曝光的白银投资骗局，在投资者间引起巨大反响。一些投资者如梦初醒，终于明白为何别人炒白银能赚钱，自己却只见亏不见赚。如今，随着白银投资理财观念越来越深入人心，一些不法平台开始煽动、诱导客户投资白银，然后通过后台操控更改数据，或者使客户爆仓。很多投资者因此损失惨重，甚至“一夜回到解放前”。

白银投资骗局曝光，使很多白银投资者谨慎、警惕起来，也使很多想加入白银投资行列的人开始持观望和犹豫态度。

本书作为一本系统介绍白银投资的实用手册，从中小投资者的角度出发，不仅对何为白银投资、白银投资的渠道及实战操作技巧等方面进行了详细介绍，而且结合真实、具体的案例，对如何识别交易所和代理商们精心设置的陷阱进行了全面剖析，旨在让普通投资者对白银投资有直观、系统的了解，不至陷入投资骗局。同时，本书也为有志于在白银投资中掘金的投资者提供了参考和指导，以便投资者在白银投资过程中能正确、理性地分析白银投资市场，实现自己的财富梦想。

# 第一章

## 不可不知的白银投资基础知识

## ▷ 时刻关注白银的工业需求

2014年，白银的市场行情成为很多投资者关注的焦点。我们知道，白银价格受多种因素的影响，市场需求、生产成本、世界经济形势等，都会引起白银价格波动。此外，白银工业需求也是影响2014年白银价格的一个重要因素。2014年，全球经济形势向好，这意味着白银的工业需求也将维持强势。

想了解白银的工业需求与白银价格的关系，我们需要从经济学角度进行解读。根据经济规律，价值决定价格。一般情况下，一种商品的使用价值越大，人们对其需求越高，其价值就越高，相对应的，其价格也就越高。

1846年，亚布拉罕·季斯纳从煤中提取出了煤油，在随后的近半个多世纪里，石油工业的发展十分缓慢，石油的价格也很低廉。这是因为，当时人们对石油的需求量小。

但是到了20世纪，随着内燃机的发明，情况骤变，石油作为最重要的内燃机燃料，迅速成为不可或缺的资源。没有石油，90%的机械交通工具无法运转，所有的工厂都无法开工。说得严重点，现代社会有可能因为缺乏石油而瘫痪。这使石油价格一路高涨，成为比金子还贵的物品，给中东产油国带来了巨大的财富。由此可见，一种商品的价值对其价格的影响力之大。

白银作为同样不可替代的工业原料，现今以及未来的市场对其有着强烈的、日益增加的工业需求。这也是投资者评判其价格涨跌的重要标准之一。白银有很强的商品属性，是重要的工业材料，现今白银的工业需求占比超过50%，这一比重远高于黄金11%的工业需求占比。白银在超导体、超导电容、电池、催化剂、食品包装、卫生和医药等领域有着不可代替的优越性。根据权威机构GFMS的预测，到2015年，白银的工业需求量将占其总需求的70%。工业需求是市场对白银最大的需求，所以它的变化对白银价格的波动产生了不可忽视的影响。白银投资者在对白银投资市场进行分析时，应该时刻关注白银的工业需求变化。

**1. 投资者应该对白银在工业方面的运用领域了然于胸**

明白了白银的工业需求在白银总需求中的重要性，投资者就应该详细了解白银现在主要用于哪些领域，以便更好地对白银在这些领域的需求变化情况进行监控。

（1）电子电器材料领域。白银的导热性、导电性、耐磨性在金属中名列前茅，同时它的化学属性稳定，在常温下不易被氧化。因此，它被广泛运用于电子电器行业，成为电接触、复合、焊接等方面不可或缺的材料。

银丝可以满足物理仪器元件对灵敏度的要求。由于白银的导电性强，市场上的氧化银电池和白银导电油墨占的比重越来越大，同时白银日渐成为笔记本等移动电子设备中主要的金属材料。用白银制作各仪器的触点，可以使仪器的使用寿命更长、性能更可靠。因此，白银被广泛运用于自动化装置、火箭、潜水艇、计算机、通信系统、核装置等这些有大量接触点且对接触点性能要求极高的设备中。每年光是电子电器材料这一项，对白银的需求就接近3 000吨。

（2）感光材料领域。白银是反光性最好的金属，反光率达97%，能与之媲美的贵金属只有黄金，但现在黄金价格是白银价格的50多倍，因此目前感光材料方面多数还是选择以白银作原料，人们把以银为基准的感光材料称为“卤化银感光材料”。现在使用卤化银感光材料最多的还是照相业，这包括摄影胶卷、X光胶片、相纸、印数胶片、荧光信息记录片、电子显微镜照相软片。现今，照相业对白银的需求量在每年1 000吨左右。

（3）医学领域。因有天然的杀菌作用，白银被广泛运用于医学领域。早在古代，中国有针灸用的银针；国外亦如此，在古希腊、古罗马时期，白银被用作水和其他液体的消毒剂。

在牙科方面，白银与铜、锡等制成合金，是重要的牙齿修补填充材料；在外科方面，针灸用的银针、缝合伤口用的银线等都离不开白银这一材质；它还是医学上防止交叉感染的重要材料，医疗系统中的口罩、被单、纱布中都有白银的影子；白银的抗菌性和对有毒物质的敏感反应，使其被广泛运用于医学领域。

（4）其他抗菌材料领域。白银的抗菌性除了使它成为医学领域的“大明星”外，还让它被广泛运用于生活的方方面面。一种抗生素可以杀死6种病菌，而白银可以杀死650多种，且没有耐药性，所以白银被大量运用于杀菌领域。许多经济实力强大的国家为防止士兵伤口感染，作战时都会为士兵配备镀了白银离子的服装。我们日常生活需要用的洗衣机、烘干机、水过滤系统、空气清洁器、空调中，也有白银的影子。由于真菌感染的增加以及人们健康意识的提高，塑料和聚合物里的抗微生物添加剂的市场需求明显增加，而这种抗微生物添加剂的基准原料就是白银。抗微生物添加剂将成为白银工业需求的新的增长点。

（5）未来应用领域。某知名贵金属咨询公司（CPM Group）表示，太阳能电池板行业的崛起将把白银工业用途带入全新的领域，因为白银是光电池暂时无法替代的材料之一。最近几年，光电池对白银的需求有所上升，知名贵金属咨询公司（CPM Group）预测，自2010年起，在未来十年内，白银在太阳能电池中的使用量将以每年15%的速度增长。

白银在这一领域的发展，主要取决于太阳能电池板的发展。就目前的形势来看，有两点优势将支撑太阳能电池板工业的发展：一是国家的大力扶持。因为能源消耗严重、污染严重，目前各国都迫切需要可再生、可反复利用又环保的新型能源，而太阳光能的转化恰好能满足人类对洁净新能源的渴望，因此各国都出台了措施扶持太阳能电池板开发业务，其中包括财政补贴及政策倾斜等。二是太阳能电池板的成本正在逐渐降低。2008年年中到2009年，典型的PV组件成本下降了大约40%，这让一直担忧因为太阳能电池板的成本过高而阻碍推广的人们看到了一丝曙光。

不过，并非所有人都认为太阳能电池板行业的崛起能成为白银工业需求的主要增长点。白银协会的高级技术顾问杰弗里·埃利斯（Jeffrey R. Ellis）曾说，他对太阳能电池板的广泛利用持怀疑态度。此外，他总结以往的经验认为，随着太阳能电池板的研发的深入，一旦太阳能电池板的技术成熟，其他部件的功能性提升，白银这种能够在初始阶段提升光电池运作效率且价格相对较高的贵金属，就有可能被更廉价的金属比如铜或者银合金代替，届时白银的使用率将大打折扣。

白银的工业需求是否会再迎来新的增长点尚不可定论，投资者可继续关注。

**2. 因供求关系决定商品价格，所以投资者除了关注白银的工业需求量的增长外，还应关注其每年开采量及世界存储量的变化**

一种商品的工业需求增大，不一定能够带来价格的上涨，但是如果它本身存量少，且不可再生，那么根据供求关系原理，它的价格必然会上涨。

举例来说，蔬菜虽然影响着人们的日常生活，甚至可以说没有蔬菜人类根本无法存活；且从需求来看，比起石油，人们更需要蔬菜。而蔬菜价格的增长，并非因为其本身，而是随着市场大环境而增长。但是石油的价格却在疯狂上涨。因为蔬菜可以再生，而石油不可以。作为一种不可再生资源，石油用掉一点，世界上石油的存量就少一点。

白银作为一种需要成千上万年地质变化累积，外加各种天时地利方可再生的稀有贵金属，其在地球上的存量对其价格有着重大影响。面对逐渐增长的工业需求以及逐渐减少的世界储量，白银的供不应求只是时间问题。当一种商品出现供不应求时，它的价格自然会水涨船高。

**3. 白银与黄金存量的逐渐靠拢给白银价格上涨带来了支撑**

在金本位前夕，黄金价格之所以比白银价格高的一个原因是黄金更稀少，当时市场上流通的白银是黄金的10多倍，因此最后黄金与白银的价格比定位在1∶16。

但是目前白银与黄金的存量发生了逆转。由于黄金很少作为工业用途被消耗，人们更多的是把它储藏起来，因此现今黄金的存量从1940年的3万多吨增加到了15.8万吨。

工业需求是白银价格的一个重要支撑点，白银工业需求的变化同样会影响白银价格的变动。白银在工业需求方面的变化包括：白银在新兴行业的表现；在旧行业里是否会被其他新材料替代；以白银作为主要材料的行业的整体发展情况。

从目前白银的工业供求关系及白银未来的工业需求增长量来看，白银价格走势良好。

## ▷敏锐观察黄金、原油的价格波动

众所周知，石油价格的变动将引发黄金、白银价格的波动，而同时白银价格也要看黄金价格的“脸色”，随其上下波动。不过，大多数人并不知道它们之间到底是怎样形成这些关联的。石油、黄金价格的波动到底会对白银价格产生怎样的影响？

其实，白银价格与石油、黄金价格的波动基本呈正相关关系。当黄金价格出现涨跌时，白银价格大体也会出现相应的涨跌。

**1. 黄金价格波动会对白银价格产生怎样的影响**

一般情况下，如果排除白银的商品属性，只考虑黄金价格上涨的因素，那么白银与黄金的价格波动处于正相关关系，即黄金价格上涨，白银价格随其上涨；黄金价格下跌，白银价格随其下跌。

但是，当黄金与白银的价格比率超过一个历史水平时，我们则认为这种相关性有可能被打破。在近30年的时间里，黄金价格与白银价格的比值基本保持在60左右，但部分专业人士认为这样的比值说明了白银价值长期被低估。因为历史上黄金价格与白银价格的比值一般维持在17左右，近100年的比值也低于60，在48左右。不过，也有专家认为实行金本位后，黄金已非白银可比，60的比值属于合理区间。

如果黄金价格与白银价格的比值远高于60，比如2008年这一比值达到了100，这时白银的价格就可能迎来一波上涨行情，比如2009年及2010年的上涨行情。同样地，如果黄金价格与白银价格的比值远低于60，则白银价格的回调压力就会加大，有可能引发一波回调行情。

现在黄金价格与白银价格的比值在40 ~ 50之间波动，处于合理空间内，所以在这个区间白银与黄金的价格波动基本处于正相关关系，近期的黄金、白银价格波动也证实了这一点。

当黄金价格与白银价格的比值在合理的比率区间时，白银与黄金的价格波动呈正相关，白银价格随着黄金的价格上下而波动。不过，因为白银单价低、投资门槛较低、盘面小，易被资金控制；而黄金单价高、投资门槛高、盘面大，不易被资金控制。所以当黄金出现波动时，白银的波动幅度往往大于黄金。

**2. 石油价格对白银价格的影响**

通常情况下，我们认为石油是通过影响黄金的价格进而影响白银价格的。

石油市场属于供给拉动型市场。所谓“供给拉动型市场”，是指石油的价格波动主要看其开采量。这种不可再生又把握经济命脉的资源，被人们称为“黑金”。世界上有一半的石油储量分布在波斯湾、墨西哥湾及北非三个地区，而这些地区的局势不稳定，当这些地方局势不稳定时，石油的价格就会出现大幅度波动。

当局势好转时，石油的价格会出现下跌。比如2011年5月本·拉登被击毙事件，当人们认为这个事件有利于国际局势尤其是中东局势时，原油的价格就出现了下跌，这时黄金的价格出现下挫，而白银的价格则出现了大幅度下跌，白银的上涨趋势被终止，引来了白银的恐慌性下跌。

2012年北非局势出现动荡时，3月份石油的价格出现上涨，黄金在3月和4月出现上涨行情，而白银则在3月和4月份引来一次暴涨行情。

但是，也有观点认为，国际原油价格如果超过100美元/桶，将会对国际经济产生消极的影响。这种消极影响最初是有利于黄金、白银价格上涨的，但是一旦引发经济萧条，则会对白银的工业需求产生重大打击，致使白银价格下挫。

因此，在观察国际石油价格波动对白银价格将产生怎样的影响时，除了观察其对黄金价格的影响外，还要观察其是否对世界经济带来了巨大的打击，是否足以影响到世界经济的发展。

综上所述，白银与黄金的价格比值在合理的比值区间时，白银与黄金的价格波动处于正相关关系。当这一比值远大于或远小于合理区间时，白银价格就会出现上涨或回调趋势，靠近这个合理比值。而石油则是通过影响黄金价格进而影响白银价格的。现阶段影响石油价格的关键因素是主要石油产地的国际局势。黄金的价格与石油价格呈正相关关系。但当石油价格过高，影响经济发展时，白银则跳脱这种关联，其商品属性对价格波动的影响就会加大，与石油上涨呈现负相关关系。

因此，我们可得出结论：工业需求、黄金及石油价格的波动是影响白银价格涨跌的重要因素。在进行白银投资时，投资者应该对这几个因素进行综合分析，理性投资，从而实现财富的保值和增值。

## ▷ 投资者的追逐使白银价格上涨

一种商品如果具备一定的使用价值且稀缺，那么它的价格必然会上涨；一种商品如果具备一定的使用价值且稀缺，而且在一定的时间里会受到人们的追捧，特别是当它进入投资市场，被投资者所需要时，它的价格必然会大涨，比如古玩、黄金。

近几年，古玩价格不断刷新历史记录，如几千万元的瓷瓶、过亿元的画。因为人们普遍认为古玩的投资价值大，所以大量投资者涌入古玩市场。按照游戏规则，拍卖会上价高者得，自然而然地，人们竞相竞价，古玩价格普遍大涨。

2006年，通货膨胀渐入苗头，人们投资避险情绪高涨，纷纷购入黄金，黄金价格迎来一波上涨行情，到2008年，黄金价格上涨到了230多元/克。有专家说黄金价格上涨过快，已达到历史高位，建议投资者谨慎持有。可是到了2009年，黄金价格又进入了一波疯狂上涨期，现在国内的黄金价格已经高达340多元/克。

2010年，国际黄金价格已如美林证券估计的突破了1 500美元/盎司的历史高位，8月第一周强势上涨至1 600美元/盎司以上。而国际投资大师罗杰斯则满怀信心地认为，未来黄金价格应该在2 000美元/盎司以上。

他们的信心不是没有道理，虽然许多专家唱衰黄金，但是投资者对投资黄金的热情却有可能使黄金价格一路上涨。

2009年、2010年这两年，黄金价格迅速上涨，各大银行、珠宝零售市场的黄金产品销售火爆。2010年，银行仅半年的黄金实物销售量就超过了2009年全年的销售量。

从2001年到2009年的8年时间里，面对黄金价格的上涨，美国试图打压黄金价格，因为按照常规，黄金价格上涨势必会导致美元贬值。可是面对全世界疯狂的投资者，美国也无可奈何，最后美国不得不采取另一种策略，即鼓励汇通银行和高盛集团大量购入黄金，抬高黄金价格，控制言论，促使大量的投资者到美国来抢购黄金。投资者为了在美国购买黄金，就必须把自己国家的货币兑换成美元，从而抬升美元的价值。这样就出现了另外一种现象：黄金涨则美元涨，从而使得美国走出了这场黄金价格过快上涨导致美元贬值的危机。这个例子说明，众多的人对某件商品的追逐，会极大地提高该商品的价格，即便权势集团进行打压，也很难改变这一趋势。

2009年至2011年的白银市场也呈现这一趋势，尤其是2010年，全球投资者投资白银的热情空前高涨。在北京、上海等中国一线城市，人们投资白银的热情尤其高涨。在2010年年初，白银投资最火热的时候，曾经出现过白银银条一条难求的局面。投资者如果下午去珠宝零售市场购买银条，通常会被告知当天的银条已经售完。如果投资者询问明日的银条储备是否充足，估计又要失望了，因为投资者极有可能被告知，若是上午早点来，还有希望购得，晚了的话就不确定了。可见当时白银市场有多么火爆。

而统计数据也证明了这一点。国际贵金属咨询机构黄金矿业服务公司在2011年4月份发布的白银投资市场年度报告中指出，仅2010年一年就有56亿美元流入了210亿美元的白银投资市场。

而像索罗斯这样的投资大鳄的介入，更是令白银市场疯狂，所以白银价格在2010年疯涨80%也并不令人惊讶。

人们投资意识逐渐增强，尤其是近几年，随着经济发展，信息开放，获取信息渠道增加，普通投资者有了更多的机会接触资本运作的投资市场，钱生钱不再是机构、公司、投资家的理念，而是成为了普通大众的理念。投资理财成为了很多普通家庭的重要事项。投资者的增多，活跃了投资市场，作为投资品种之一的白银自然也会有所获益。

## ▷ 白银投资的五大方式

2010年，白银因极高的回报率成为继黄金之后第二种进入投资者视野的贵金属，到2014年，白银投资的热潮仍居高不下。但作为一种新兴的投资品，对于大多数普通投资者来说，白银投资常等同于白银实物投资，甚至仅等同于白银银条投资。实际上随着白银市场的逐渐成熟，中国市场上人们可投资的白银品种远大于白银实物的范畴。

所谓白银投资，是指投资者购买白银实物及其衍生品，通过买入卖出的价格差获取回报的一种投资方式。

目前，白银已经成为全球最受欢迎的投资产品之一，交易品种也日渐丰富，中国市场上投资者可投资的白银投资品种主要包括实物白银、纸白银、白银T+D、白银股票等。

**1. 实物白银**

顾名思义，实物白银投资是以看得见、摸得着的白银实物为投资对象的投资方式。目前，市面上比较流行的实物投资白银品种有银币、银条、银章及各种白银饰品。

中国人民银行每年都发行各种银币，其中银币又分为投资型银币和收藏型银币。投资型银币目前只有“熊猫”银币一种，它的价格主要受国际银价的影响，但随着时间的沉淀，做工精美的熊猫银币也会具有一定的收藏价值。收藏型银币则以纪念性银币为主，比较适合长期投资，其投资价值取决于银币的纪念意义、锻造工艺、发行数量。

目前，我们可用于投资的银条也分为投资型银条和收藏型银条两种。收藏型银条依然主要由中国人民银行发行；投资型银条购买渠道则相对较多，购买手续也比较简单，投资者可直接用现金在各大城市黄金交易所会员单位零售柜台或百货商场购买。在购买投资型银条时，建议投资者通过承诺回购银条的经销商渠道购买，这样可解决回购的后顾之忧。

白银饰品因为其加工费在银饰价格中占比很高，所以更适合做装饰品，不适合投资。

**2. 纸白银**

纸白银是继纸黄金之后的又一新贵金属投资品种，它是一种个人凭证式白银。

投资者在投资过程中不涉及实物白银的交割，而是按银行报价在账面上买卖“虚拟”白银，通过低价买入，高价卖出，赚取差价。投资者的买卖交易在预先开立的“白银账户”上体现。

投资者仅需在银行开立贵金属买卖账户，就可以通过柜台或网上银行进行交易，通过网银交易的客户仅需登陆银行网银中的“网上银行贵金属”版块，根据界面指引完成操作，即可进行买入卖出交易。

银行的账户白银业务中有两个交易品种，即账户白银兑美元和账户白银兑人民币。前者对应的最低交易额为5盎司，后者对应的最低交易额为100克。工商银行纸白银投资业务原则上不收取任何手续费，但因工商银行在账户白银交易中采用了固定单边点差的方式，我们通常把点差认为是纸白银投资的交易费用。投资者可在周一早上7点至周六凌晨4点进行投资操作。

**3. 白银T+D（白银延期）**

白银T+D也叫白银延期，是上海黄金交易所推出的保证金形式的白银投资品种。目前白银T+D的交易单位为1手，每手合约对应的实物为1千克。投资者可以选择交易日当天或延期交割两种方式。

白银T+D的交易保证金为合约价值的10.5%~15%，例如我们投资1千克白银，以目前白银价格3 500元/千克计算，我们只需要投入的成本约为367.5元（3 500 × 10.5%=367.5），外加相当于合约价值万分之三的手续费即可。

因白银T+D采取保证金交易方式，所以其具有杠杆放大效应，投资者的资金被放大6.7~9.5倍，随之而来的则是收益被放大6.7~9.5倍，同样亏损也被放大6.7~9.5倍。所以白银T+D属于高风险、高收益投资品。

目前，我国白银T+D的投资渠道非常多，各家银行的专业版网上银行都提供该项业务。

**4. 白银股票**

白银股票是指由经营白银开采业务的上市公司发行的股票。目前我国还没有以白银为主业的上市公司，但一些以黄金等其他贵金属开采为主业的上市公司也经营白银开采业务，其中以G豫光为主。G豫光是我国最大的白银生产基地，另外山东黄金和驰宏锌锗也值得关注。

**5. 白银期货**

白银期货与黄金期货一样，属于高风险、高收益的投资品。白银期货的推出将更加完善白银投资的产品线，满足更多投资者的需求。

不同的白银交易品种有不同的投资操作手法，适合不同的投资者在不同时期的投资，下面的章节将对此详细阐述。

## ▷ 选择属于自己的投资方式

前面我们已经讲到，我国白银有多种投资渠道，诸如实物白银、纸白银、白银T+D、白银股票、白银期货等。

这几大投资渠道各有特点，各有优劣，不同的投资者应该根据自身的条件、特点来选择适合自己的投资渠道。下面我们就先简略讲讲不同的投资渠道的具体特点及其优劣势，并初步分析它们更适合哪些投资者，以便为众投资者提供参考。在接下来的章节中，我们还会针对不同的投资渠道进行更加深入的分析和策略指导。

**1. 白银T+D投资：渠道最多、交易方便，但风险大**

目前工商银行、招商银行、兴业银行、民生银行以及深发展银行、华夏银行等多家银行都代理个人白银T+D业务，投资者可选择的投资渠道多，且操作起来非常方便，只需要开通专业版网上银行，在家就可以开通白银T+D户头，参与投资操作。

前面章节也提到过，白银T+D采用的是保证金杠杆原理，投资者只需投入账面现金值10.5%～15%就可购得账面价值，在银价上涨时，投资者可获得6.7～9.5倍收益。

目前，白银T+D的交易单位为1手，1手等于1 000克。按照2011年7月13日白银T+D收盘价7 638元，按最高15%保证金计，投资者只需要投资1 145.7元的保证金就可进行白银T+D的投资交易。

白银T+D的门槛看似很低，但在实际操作过程中，投资者需要准备更多的保证金才能保证不会由于价格波动而被迫平仓。因此，实际上白银T+D投资的门槛相对较高。

另外，白银T+D的交易时段仅为9:00 ~ 11:30，13:30 ~ 15:30，20:50 ~ 2:30，而这也是白银T+D交易存在的最大问题。非连续交易时段令白银T+D交易存在空窗期，在空窗期银价容易出现波动，而投资者却无法进行买进卖出的操作，这就会为投资者带来损失，从而加大了白银T+D投资的风险。

综上所述，白银T+D的投资渠道多、操作方便、可以小博大，投资者将因银价上涨获得6.7 ~ 9.5倍的收益，但它的投资风险大，更加适合资金充裕且能承受较大风险的投资者。

**2. 纸白银投资：更平民化、风险较低、操作简单，但投资渠道单一、手续费高**

纸白银投资是继白银T+D之后，国内出现的第二个非实物白银投资渠道，旨在为白银投资者提供易操作、投资风险较低且更平民化的白银投资方式。

相比白银T+D的高风险、实际门槛高的问题，纸白银则属于更平民化的投资产品。它是现金投入等于账面初始资金的一种投资方式，而且最少投入资金也比白银T+D少，目前工商银行推出了人民币账户和美元账户两种账户交易类型，交易起点分别为100

克和5盎司。

纸白银交易时段与国际交易时段接轨，交易时间为周一上午7:00到周六凌晨4:00，可操作时间长。而且投资者既可通过柜台和网上银行进行交易，也可采取定期定额投资的方式。因此，虽然纸白银投资渠道单一，但投资操作简单方便，并不影响投资的便捷性。

纸白银最大的缺点是手续费高，虽然纸白银交易不直接收取手续费，但是工商银行采取点差的方式，相当于向投资者收取了手续费，人民币账户和美元账户的单边点差分别为0.04元/克、0.15美元/盎司。

综上所述，纸白银的投资渠道单一，但操作简单、投资风险较低、准入门槛低，更适合普通投资者投资，不过它存在手续费高、溢价高的缺点。

**3. 实物白银投资：品种多，门槛有高有低，变现难，保存难**

与白银T+D和纸白银相比，实物白银的投资品种名目繁多。另外，白银实物投资的主要投资劣势有：一是手续费用高。因为白银的单价低，因此银制品的加工费及回收的折旧费在白银价值上的占比相对黄金高出许多。二是存储难。特别是银条的储藏，比如以当下的银价算，投资10万元银条，需要储藏超过13千克的银条，体积大、重量大不说，白银还极易氧化，一旦氧化，白银的价值势必要受到影响。三是兑现难。这点主要是针对银条及普通银币，一旦价格出现上涨和下跌，投资者很难找到买家。四是产品良莠不齐，不同公司实物白银的含银量有所不同。不过，实物白银投资也有优点，那就是风险较低。

因此，投资者在投资实物白银时，首先，要选择规模较大、信誉较好的公司，最好还要选择提供回购的公司；其次，投资者要有合适的储存白银的地方，并了解一定的白银储藏知识；再次，因为实物白银的交易费用昂贵，因此它不适合频繁交易，比较适合准备长期持有的投资者；最后，对于投资银币及白银古董制品的投资者而言，拥有较强的白银银币及古器识别能力很重要。

综上所述，实物白银投资适合拥有一定的白银质量识别知识及白银银币和古器识别知识的投资者，白银银条等工艺价值不高的白银实物适合长线投资者。

**4. 白银概念股投资：雾中看花，投资者难看清**

白银价格的上涨及白银投资的火热，使白银概念股投资进入了人们的视线，中国生产白银的几大上市企业的股票在一定时期内，也随银价的波动出现了波动。

但是，对于大多数白银概念股公司来说，白银开采只是公司的伴生产业，并非主导产业，其对公司的盈利贡献低，对公司股价的影响力实际上也相对较低。以白银产量最大的豫光金铅为例，其产量约占全国比重的5.8%。白银虽然是豫光金铅的第二大收入来源，但为公司贡献的利润几乎可以说微乎其微，2009年公司的白银业务还处于亏损状态，到2010年，因白银价格上涨，白银业务才稍有盈利。不过，豫光金铅的白银产量毕竟居于全国首位，且质量优良，这些有利因素使豫光金铅在进入人们视野后，很快便以坚挺的走势赢得众多投资者的青睐。2014年，豫光金铅仍为很多专家看好。

虽然豫光金铅等公司的股价的上涨和下跌容易受到各种因素的影响，但投资者在投资白银概念股时，若能做到综合把握公司的盈利情况以及股市资金流向等方面的情况，就不会出现纰漏。此外，这一投资品适合对股票投资也有深入了解的投资者。

综上所述，影响企业股价的因素除了白银价格的变动，还包括股市因素。因此，白银概念股的投资者最好同时也是或曾是股票投资者。

# 第二章

## 长线投资之实物白银

## ▷ 选对银币，投资翻倍

根据发行时间不同，银币大体可分为古代银币、近代银币和现代银币三种。现在的银币投资对象主要为近代银币和现代银币，古代银币的存世量相当稀少，且多为收藏家收藏，鲜在市场流通。

近代银币是指从明代崇祯四年即1631年至新中国成立前发行的近千种银币，一般可分为晚清时期银币、北洋军阀时期银币、民国时期银币、中华苏维埃时期银币四种，面额分为伍分、壹角、贰角、伍角和壹圆五种，品种分为龙洋、船洋、小头（孙中山像）、袁大头（袁世凯像）、四川卢比等。近代银币是近代金融兴衰、铸币技术发展、历史变迁的见证者，具有非常高的收藏价值。

现代银币是指新中国成立后发行的银币。我国首次发行的现代银币为1980年3月的“国际儿童节”纪念银币，总共仅发行了1万多枚，现在市场上已鲜有流通。随后，我国每年都会发行生肖银币，1983年以后每年（1986年除外）皆会发行“熊猫”银币，除此之外，还会不定期发行弘扬传统文化、艺术的纪念银币等。

至今为止，我们已发行的现代银币达2 000多种，其中以“熊猫”银币最具代表性。“熊猫”银币以黑白相间、憨态可掬的国宝熊猫为素材，是我国的特色产品，具有极高的纪念意义及独特的艺术造型，深受广大中国民众和外籍人士的喜爱。其投资价值及升值潜力也深受业内人士肯定，“熊猫”银币的收益非常稳固，年均上涨10%左右。

与其他白银品种投资一样，2010年以前，银币投资一直被众多投资者忽略，但到2010年，随着白银投资市场的升温，银币投资被越来越多的投资者关注。

2010年，中国银价上涨了80%，而近代银币中最普通的民国三年版“袁大头”银币的价格则从250余元/枚，跃升至760多元/枚，上涨超200%；现代银币中最常见的一盎司“熊猫”银币，也从年初的100多元涨至300多元，涨幅也达到了近200%。

银币的收益之高令人怦然心动，但与金币投资不同，银币投资属于高回报、高风险的投资。投资银币时选择银币是关键，选对银币，收入颇丰；选错银币，则有可能承受巨大的损失。投资银币时，投资者应格外警惕。2013年，一向受投资者喜爱的“熊猫”银币上市不久就出现了假币。这批假“熊猫”银币制作工艺高超，且几乎是采用百分之百的足银制造的，一般投资者很难鉴别。①

在此提醒银币投资者，在投资过程中，为最大限度地降低风险，一定要去银行或者正规的专营店购买。同时，投资者要加强对银币收藏知识的学习，以便能够通过银币图案细节来鉴别真假。

---

① 刘志飞. 当心熊猫币有“李鬼”. 新闻晨报，2013-1-17.

接下来，我们对近代银币和现代银币投资的注意事项及相关技巧详细阐述一下。

正确投资银币，应该从了解影响银币投资价值的因素开始。银币的投资价值主要受以下四大因素影响：

**1. 存世量的多寡**

“物以稀为贵”是收藏界普通适用的真理，银币亦如此，银币发行数量的多少、存世数量的多寡在很大程度上影响着银币的投资及收藏价值。集币爱好者常常愿意为珍稀银币支付高额的费用，如光绪二十四年即1898年湖南省造光绪七钱二分元宝，存世量不足10枚，其价值估计高达20万~25万元人民币。

**2. 银币蕴含的纪念意义**

银币的纪念意义是指银币是为纪念何事或哪个历史时期发行的，人们对这段历史或这个事件的认知度和好奇度，影响着银币的投资和收藏价值。比如纪念中国共产党领导人们进行革命斗争的中华苏维埃造列宁像银元，其作为革命根据地流通的货币，有着特殊的纪念意义，曾卖出1.4万美元的高价。

**3. 制作工艺**

银币的制作工艺反映着一个时期的货币及艺术文化。制作工艺是指银币的制作精良度、造型美观度、图案生动度。制作工艺高超的银币更具有投资及收藏价值。例如，同为袁世凯题材银元，发行年代也大致相当，民国三年版“袁大头”银币的价格在760元/枚左右，而出自雕刻大师乔奇之手的袁世凯戴盔缨帽银元，则因工艺设计登峰造极，其正面袁世凯头像眉目传神，栩栩如生，背面飞龙呼之欲出，被钱币收藏爱好者视为稀世珍品，价格在7000元/枚以上。

**4. 银币的材质及品相**

银币的材质主要由其含银量决定，材质越纯，含银量越高，价值也就越高。银币的品相指银币保存的完好程度，一般情况下，银币越接近发行时的光泽程度、完整程度，其品相越好，投资、收藏价值越高。

了解了影响银币投资价值的四大因素后，在实际操作中我们应该注意什么呢？

**1. 购买自己熟悉的银币**

目前，市面上流通的近代银币有几千种，现代银币有2 000多种，每种银币的投资价值大小有别。例如，1994年发行的“婴戏图”银币一组四枚，发行价为800元，现在的市场价大约在12 000元左右，投资回报率达1400%，而同年发行的1994年冬奥会27克银币二枚一套，发行价为120元，现在的市场价仅在450元左右，投资回报率仅为275%。这与题材受欢迎程度、发行量的大小皆有很大的关系。

年代相对久远的近代银币投资价值差别更大。为减少投资风险，投资者应选择自己熟悉的银币品种，包括了解银币的发行量、存世量、历史故事、以往的成交价格等信息。对于不了解的银币品种，投资者可通过专业书籍、专业网站、专业人士讲解等渠道不断扩充知识。

**2. 了解财力，选对品种**

投资银币时，并不是投资潜力越大的银币就越适合投资，关键要看投资者的财力。银币的价格波动较金币大，投资者如果倾尽财力买入自认为有价值的高端精品，当价格出现大幅波动时，很少有人能泰然处之。这样不但影响情绪和生活，还有可能出现该卖时不卖、不该卖时出手的错误操作。因此，投资者在投资银币过程中应量力而行。

目前，银币市场的投资品种已经很全面，可以满足高、中、低端投资者的投资需求，但适合自己的才是最好的。

**3. 选择品相好的银币**

对于存世量稀少的珍稀银币，投资者可以不用太过计较其品相的好坏，但对于普通的银币来说，品相的好坏是其能否稳定增值的关键。所以，对于存世量较多的低档银币来说，面对价格相对便宜、品相差的银币与价格相对较高、品相好的银币，投资者应该选择后者。因为对于收藏者来说，除非珍贵到很难购买到，否则他们更愿意购买结构完整、质地光泽的银币进行收藏、鉴赏。

**4. 精挑细选，多比价**

虽然银币的投资机会稍纵即逝，投资者遇到珍宝应该第一时间入手，但是银币投资初学者在最初投资银币时，应该多在市场上逛逛，多了解各种银币的价格，货比三家。这样才能用尽可能少的钱购得最有投资价值的近代银币。

**5. 初学者防伪从购买渠道入手**

针对市面上近现代银币赝品极多的情况，建议投资者到老字号、固定的、诚信度高的银铺购买。在投资现代银币时，投资者可到国家授权的银币代发行机构购买，品质更有保障。除非你是资深收藏者，有十足的把握，否则尽量不要在流动钱币摊贩上进行交易，尽管其价格相对便宜。

**6. 避开购买高峰期**

春节前后是金、银币交易的高峰期，这一时期，金、银币的价格通常会上涨30%～40%，价格相对较高，投资者应选择避开这个时期。通常情况下，春节过后一至两个月内，银币价格会回归到相对理性的水平，这时再入手比较合理。

近代银币投资与现代银币投资虽然同为银币投资，有许多共通之处，但由于发行时期、流通时间不同，两者的投资技巧也有所不同。

**1. 投资近代银币需要更清醒的头脑**

近代银币投资的交易额更高，获得的回报可能更高，如一枚稀世珍品民国二十一年金本位半元银币在1999年以30.8万元的价格成交；2004年，有人以12.5万元购入一枚广东省造反版光绪元宝壹元老版银币；同年11月，美国买家以50万元的天价竞得一枚安徽省造光绪二十三年库平三钱六分银币样币。不断高讫的近代银币投资回报刺激着投资者的神经，越是在这个时期，投资者越是要保持冷静。一枚近代银币在流通过程中虽然多次给它的投资者带来了巨额的回报，但投资者需要冷静分析经过多次炒作后，它是否还具备升值空间。

**2. 投资现代银币应以投资正在发行的银币为主**

除特殊银币品种外，建议投资者在现代银币投资过程中以投资国家正在发行的银币为主。因为，往年发行的现代银币经过市场炒作，价格相对较高，有些银币的价格已高到令人看不懂的地步，其升值空间小，风险却很高。而国家正在发行的银币，其价格在合理的区间内，且银币本身的价值与往年发行的同类银币的价值相当，长期来看具有更高的投资收益和更低的投资风险。

**3. 投资现代银币应首选“国字号”**

现代银币投资与近代银币投资还有一个不同点。现代银币有许多品种是由企业或私人发行的，这类由企业或私人发行的纪念币，首先无法保证材质；其次纪念币上也没有面额，不具备投资意义。投资者在投资过程中应选择“国字号”银币，“国字号”银币是指由国家或相关机构发行的银币，是相对于企业及私人发行的银币而言的。“国字号”银币的含银量通常与其标注的含银量一致，材质上有保障。另外，“国字号”银币上皆标注有面额，是法定货币。这是现代银币的两大重要价值，具有实际的投资价值。

银币投资相比其他的实物白银投资有机会获得更大的收益，但同时需要承受更大的风险，这种风险不仅仅来自于市场价格的波动，还源自投资者的选择能力。所以，不断地充实银币投资知识是银币投资者的首要任务。当知识充足时，选对投资品种将为投资者带来双倍甚至更高的收益。

## ▷ 古银器收藏正当时

中国古玩收藏市场火热，古银器收藏市场却相对冷清，但是在国外特别是欧洲，御用银器受到众多藏家的追捧。许多欧洲贵族都以拥有一件海丝特曼家族银器四件套而自豪，不惜花重金购得。这皆因收藏者看到了古银器的历史价值及精美的工艺展示出的高贵典雅的贵族气质。

在国外某次拍卖会上，一只器型不大但纹饰精致典雅的清早期小银盒，受到了大家的热烈追捧，几经争夺后，被一藏家以1 000多美元的高价夺得，但在国内，藏家以四五百元人民币就可入手一件。一件清代银盘在国外价值数千美元，但在国内只要七八百元。从国内外的价差中我们可以看到，国内古银器投资市场有很大的潜力。

2010年，国内国际银价暴涨，国内古玩投资市场理性回归，价值一直处于被低估状态的古玩银器渐渐进入人们的视野。国内其实并不缺乏古银器收藏爱好者，比如某位藏家曾以2万元左右的价格，购进一只做工精致的清中晚期银质双龙兽腿香熏炉，不久后就有数位古玩藏家想以2倍多的价格从这位藏家手中购得该物，但皆被拒绝。

当下，古银器的收藏价值大体处于不断上升状态，相形之下，古银器的价格却较低，这正是投资者收藏古银器的好时机。

**1. 古银器收藏风险低，但市场精品少**

比起动辄几万元、几十万元甚至上百万元的玉器、金器收藏价格，古银器收藏的价格显得十分亲民。一对做工考究的清末时期的银手镯，价格仅在500元左右；清代中期流行的普通银簪的价格，也仅在300～600元；小件的银制耳坠、纽扣等，价格更低，仅几十元；普通的大件像银薰炉、银挂屏等器物也就几千元。这些价格只相当于材料和加工费用，其历史价值和艺术价值等附加价值基本未体现在价格上。而且，市面上古银器的仿冒品相对较少，容易辨别。

低价、未被炒作、辨别真伪相对容易，这三大因素降低了古银器收藏的入门门槛，降低了古银器的投资风险。

但是，市场上流通的能够让人获得高额回报的精美老银器数量并不多。古代银器的做工十分考究，大多是纯手工制作的，且流程颇为复杂，要先将白银熔化，再制作成片、条、丝等形状，作为基本零件，然后才能根据银匠的构思和设计，精心打造出精美的饰品或令人叹为观止的器具。也就是说，古银器是否珍品全凭制作者的一双巧手，能够称得上精品的古银器皆出自老工艺人之手。

我们都知道，白银材质易氧化，许多精品因为变色被继承者作为材料重新塑造，加之历史的变迁，能留存至今的老银器精品少之又少。所以，精品老银器在市场上十分抢手，价格也并不低廉，如果想收藏到这些精品，投资者需要下点功夫，多多研究古银器的历史及传承。

**2. 古银器的鉴别**

对古银器收藏者而言，鉴别真伪很重要。鉴别银器真伪的方法很多，基本的一种方法是识款。宋代以后的银器一般都标有“足纹”“足银”“纹银”等字样，这就是银器的款。有款的银器大多是珍品，但是若银器上的款字体不规范、模糊，投资者就要注意了，这往往是制假者造的假款。

如今，随着科学技术的不断发展，一些制假者利用新工艺制造出一些看上去“白花花”的金属和涂料，这些材料看上去与银子极其相似，用它们制成的银制品，也往往能达到以假乱真的效果。因此，投资者在收藏银器时，一定要从重量、外观等方面综合考量，不要被包银器、镀银器或者化学制品所蒙蔽。

不同时期的古银器，其铭文、纹饰、工艺、造型都有所区别，这就需要投资者了解古银器的历史，参照不同历史时期古银器的特点来全面考量即将入手的古银器。

一路高涨的银价、不可估量的艺术和历史价值、火热的国外银器收藏市场、国内被低估的古银器收藏价值等，都为古银器投资提供了良好的时机。所以说，古银器投资正当时。

## ▷ 识别真伪银制品，练就火眼金睛

随着实物白银投资的火热，伪劣白银制品消费案件屡见不鲜。本来希望通过投资白银获利的人们，却因为一些无良商贩的造假行为血本无归，实在令人生气。为了减少投资损失，白银投资者有必要学习一些快速辨别白银制品真伪的方法。

**1. 看成色**

一般白银制品纯度愈高，银面色泽愈洁白，纯银制品的面档表面光滑、细腻、均匀、色泽明亮，如果含铅，面档会发出潮花且带有青灰色；如果含铜，面档会粗糙且干燥。纯度高的白银制品氧化后虽然表面有“黑锈”，但其色泽黑而光亮；而掺杂了铅、锡、铜的白银制品氧化后则色泽暗沉。

品牌银饰公司制作的银饰做工细致、颜色纯白、富有光泽，并且饰品上会标注品牌标识，而假银饰和一般作坊做的银饰，做工粗糙、色泽暗沉、颜色微黄。

真银币的含银量一般在90%左右，色泽润白明亮，长期流通后被氧化的银币，擦去污锈后依然有很好的光泽度。成色低或假的银币则恰恰相反，含铜的银币色泽微黄，含铅的银币呈灰黑色，含锌的银币则呈青灰色。对于有一定年代并被磨损的银币，投资者可通过查看其成色来确定银币的真伪。一般情况下，自然生成的磨损痕迹是杂乱无章、无规律可循的；而通过人工做旧或机器磨损的银币，一般磨损面和痕迹都有一定的规律性。投资者可以此作为衡量古银币真伪的重要标准。

**2. 听音韵**

在很多影视剧里，我们常常看到这样一个场景：一位掌柜的拿着一枚银元，弹一下，然后放在耳边听声音，以辨别真伪。许多投资者可能觉得不可思议，但实际上这种方法是可行的。

投资者可找一枚银币，轻击银制品的边缘，如果声音婉转、柔和，说明是真银制品；如果声音尖锐或者暗哑，则说明是假银制品。

银制品纯度越高，声音越纯正、婉转、柔和、沉稳，掺铜的银制品声音尖锐、短促，掺杂锌的银制品声音清脆而响亮，无厚重感。所以一般情况下，铜、锌等金属含量越高的银制品，声音越响亮、尖锐。

**3. 试比重**

对于一些难以通过看和听来辨别的银制品，投资者可通过称重量来判断。在投资银币时，投资者可先根据相关资料查询该银币的重量，再去店里选择。同一版本的真银币，误差不超过0.4克。银制品在市场上流通了很长一段时间，尤其是古银器和古银币，难免会有折损，但重量一般也不会相差太大。在与实际重量相差无几的情况下，投资者也可酌情购买。至于银条的重量，更是在出厂时就标明了，只需放在秤上一称就知道了。

如果手边没有秤怎么办呢？投资者还可根据不同金属的比重进行判断。白银的比重比黄金、白金的比重低，比铜、铅、锌等其他普通金属的比重高，因而只要掂掂重量，就可以初步判断其是否是白银。投资者在购买白银饰品和银币时，可随身携带其他已经被确认为真品的白银饰品或银币作参照物。

**4. 查硬度**

白银的硬度低于铜，高于铅、锡，投资者可用大头针进行测试。如果针头在制品表面打滑且很难留下痕迹，则可初步判定其为铜质品；若痕迹明显，则可初步判定为铅、锡；若真是银制品，表面会留下不易察觉的痕迹。

此外，银制品较柔软，但韧性强，不易断。这也是辨别银制品真伪和纯度的好方法。

**5. 验边齿边线**

一般情况下，正品银币的边齿和品牌银制品的边线细致匀称、整齐划一，而伪造品的边齿、边线则显得粗糙。这与制作工艺水平有关，只要细心观察，非常容易分辨。若是印制有图形、文字或带颜色的银制品，正品银制品的文字和图案非常清晰，颜色鲜艳；如果文字、图案模糊，颜色暗哑，投资者就应该小心了。

**6. 盐酸和硝酸测试法**

这个方法比较偏激，实用性不强，但是在某些特殊的情况下可以使用。方法是把银制品放在试金石上摩擦，直到出现一道道银白色的痕迹，然后把盐酸和硝酸滴入擦痕中。如果是纯银制品，擦痕上的混合液体会呈现乳白色；如果含银不足，混合液体虽然也呈现乳白色，但是颜色稍显清淡。银含量越低，混合液体的浓度越低，如果是伪银制品，则混合液体呈无色透明状。

检验银制品真伪是白银实物投资者的必修课，特别是对热衷于投资古银币和古银器的投资者来说。无论是通过古玩交易市场交易，还是通过一些私人收藏渠道交易，都有一定的风险性。所以，练就一双火眼金睛十分重要。

## ▷ 实物白银储存攻略

2014年，刘先生购买了3千克的白银银条，将其存放在家中。半年后，他发现白银的表面变黑了，而且还出现了一些斑点，这让他非常着急。因为银条品相变差，势必会影响白银的价值，吞蚀白银投资者的收益。

很多实物白银投资者都遇到过这样的问题。实物白银如何存放是实物白银投资者面临的又一挑战。

**1. 实物白银易氧化，存放要注意隔离**

只要注意观察，我们就会发现，白银制品暴露在空气中几个月后就会变黑。这是因为白银在常温下容易与空气中的硫结合，在表皮形成一层硫化皮膜，即我们通常所说的氧化。

那么，如何防止白银氧化呢？

首先，要隔离空气。一般情况下，实物白银产品（近代银币、古代银器除外）都会有原封盒或上面有一层保护油，这些包装和保护油有隔绝空气的作用，能对白银起到保护作用，所以投资者应保留原有包装。对于已经打磨或清洗后的白银，投资者可在实物白银表面涂上一层薄薄的黄油，然后再在外面包一层密封性很好的包装。

其次，应将白银存放在比较干燥的环境中。投资者应该把实物白银存放在卧室或其他比较干净的房间内的柜子中，并在实物白银储存柜的四角放置干燥剂。干燥剂的选择也有讲究，要选中性干燥剂，不宜选碱性干燥剂。因为，存放环境潮湿或者酸碱性不平衡，白银表面容易产生“溶液环境”，使金属表面更容易腐蚀。变色硅胶的吸水性极强，是很好的选择，它不但可以更好地使储藏柜保持干燥，而且变色硅胶还会因干湿程度不同呈现不同的颜色。当柜内空气干燥时，硅胶的颜色为蓝色；吸入水分后，硅胶渐渐变成红色。投资者可通过硅胶颜色的变化，及时了解储藏柜的干湿情况。硅胶最好一月一换。

最后，因为白银所处环境的温度越高，它的化学活动性越强，越易被氧化，所以实物白银不宜存放在温度过高的环境中，投资者在存放实物白银时要注意避免选择长期被太阳暴晒的地方。

**2. 不同金属的化学活动性强弱不一，不同的金属不宜同放**

有人将白银和黄金放在一起，一段时间后发现黄金和白银上出现了斑驳的痕迹。为什么会出现这样的情况呢？因为白银和黄金放在一起会互相摩擦，导致颜色混染，影响二者的品相和纯度。

同样，实物白银和铜制品等其他金属制品也不宜放在一起，因为不同属性的金属硬度不同，会相互产生影响。

即使同为白银制品，近代银币、古银器具与现代实物白银也应该分别存放。因为，白银容易氧化，近代银币和古银器具在市面流通了很长时间，表面一般都会有些污迹锈蚀，这会污染现代白银制品，影响白银制品的品相。投资者可将这些有污迹锈蚀的近代银币和古银器具放入醋或明矾水中浸泡一段时间，然后用橡皮擦拭，再放入清水中漂洗干净。不过，有些投资者认为保存完好的银币包浆恰好证明了这些银制品的价值，所以会保持其原样。对于有一定历史意义的银制品确实如此，在储存时，投资者可将这些银制品放入硬币册或塑料袋中，但是切忌把这些未经处理的银制品与现代白银制品放在一起。

**3. 存放于银行保管箱，安全便捷，但费用较高**

对于怕麻烦的实物白银投资者来说，银行保管箱是不错的选择。它不但能降低实物白银的氧化风险，还能保证实物白银的安全，毕竟失窃案时有发生。不过，租用银行保管箱的费用相对较高，如果按年付费的话，一只7.6厘米×12.7厘米×60厘米的保管箱，一年的保管费用最低要二三百元，最高要1 500元。

开办银行保管箱的业务流程比较简单，投资者只需带好个人身份证和私章去银行柜台就可办理。不过，并非所有的银行都开办了这项业务，而且有些银行虽然开办了这项业务，但并非所有的网点都受理这项业务。除此之外，办理这项业务的时间，各家银行也不尽相同。大部分银行是周一到周六办理该业务，只有个别银行在周日也受理这项业务。投资者最好在去办理这项业务前打电话进行咨询，以免白跑一趟；也可以打电话先询问价格，货比三家，找到最合适自己的银行。

保管箱的租期分成两种：长期租赁和短期租赁。在短期租赁期限方面，各家银行的规定也不尽相同。如工商银行为客户提供小型箱的月租、三月起租服务，中国银行也提供月租服务。通常，短期租用比长期租用的租金要高出不少。

有两点需要提醒投资者：一是开通这项业务时，必须是本人亲自办理，但在使用过程中，只要经银行审核、经办人审核和出示所有人的证件，也可委托他人存取物品。有些银行还可以两人共同使用一个保管箱，两人中的任何一个只需要携带钥匙和自己的身份证，就可以存取物品。二是工商银行要求开办人拥有本行的银行卡账户，以便银行能直接从银行卡账户上扣除保管箱业务的有关费用，不过大部分银行没有设此项限制，投资者只需缴付一定现金保证金就行。

有些银行还为贵宾提供VIP服务。比如在招商银行，如果你是“金葵花理财”业务的客户，并在同一身份证下资产达到50万元，就可免费获得保管箱业务；民生银行的VIP客户也可享受租金减免的服务。

存放是实物白银投资中的重要环节，自己存放能减少费用支出，使用保管箱存放也简单方便。找到适合自己的保存方式能为实物白银投资的获利打好基础。

## ▷ 选择白银实物衍生品的窍门

除银条、银币、古银器外，面对持续升温的白银投资市场，许多企业也不甘落后，试图搭上这班快车，所以市面上由企业制造发行的银章、银铤、银锭越来越多。这些产品制作工艺简单，谈不上有工艺价值，也没有什么纪念意义，不像银币、古银器般具有收藏价值。但是它们的溢价却不低，同等重量的银章、银铤、银锭的价格比银条的价格要高出许多。所以投资者在投资企业制造的银章、银铤、银锭时，一定要对当天的银价有清楚的了解，以便准确地衡量这些产品的溢价高低，从而判断是否有投资的必要。

现在有些白银投资者试图照搬黄金投资的模式，把目光锁定在白银饰品的投资上，这种方式很不可取。因为白银饰品与黄金饰品的制作费用、运营费用基本一致。也就是说，投资者花费在白银饰品和黄金饰品上的除材料费用以外的成本是一致的，但是白银的价格只是黄金价格的1/50，这令白银饰品的升水率远远高于黄金饰品的升水率。一般情况下，市场上认为黄金的升水率不高于3%才具备投资价值，鉴于白银的价格波动大于黄金价格的波动，升水率可略高于此，但是9元/克的白银面对高额的制作成本，升水率将是3%的几倍不止。这就意味着投资者在投资白银饰品时，要等到白银价格涨幅在几倍于3%的价格之后才有投资获利的可能，这其中还不包括银饰的折旧费、存储费及上面提到的回购成本。

所谓溢价，是指白银产品的单位价格减去白银市场的单位银价的差额；白银的升水率则是指白银产品的单位价格减去白银市场的单位银价，再除以白银市场的单位银价。溢价越少，升水率越低，投资成本越低。银价上涨时，投资回报越大；银价下降时，投资风险越低。因此，溢价及升水率较高的银章、银铤、银锭及白银饰品的投资价值并不大。

白银单价低的特点要求投资者在进行白银投资时要有很强的成本意识。高手往往可根据升水率的高低评判普通实物白银的投资价值。

除具有特殊价值的白银实物如银币、纪念章、古银器等外，投资者在投资实物白银时还可以选择投资银条。银条工艺简单、制作和运营成本低，最接近白银的市场单位银价，且溢价和升水率低。

与银币及古银器投资相比，银条投资是难度系数最低的一种白银实物投资方式。这种投资方式不需要投资者了解古代的历史、文化、背景、工艺等。

但是在购买时，投资者最好通过正规渠道购买，这样能够省去辨伪的环节和避免风险，能保证购得银条的纯度。现在大多数知名黄金珠宝店都出售银条。

面对众多的选择，投资者应货比三家，因为虽然同为正规渠道，但是由于每家的制作工艺、销售模式、人力成本不同，定价也不尽相同。而且购买银条也是要收取手续费的，每家店的手续费用也不尽相同。

有些商场还开通了延期支付业务。所谓延期支付，是指消费者购买银条后，可以让商场代为保管，保管期限可与商家约定，少则三个月，多则一年。不做短线投资的投资者，可以选择这种业务。

选择这种业务有两大好处，首先，投资者可免去储存的麻烦和成本；其次，商场对于延期取货的投资者还有一定的手续费优惠。比如，你购买15千克的银条，当场取走需要支付0.6元/克的手续费；如果你与商场约定一年后取走，则仅需支付0.2元/克的手续费，以9元/克的银条价格计算，这相对于节约了4%的成本。

为满足投资者的需求，免去投资者到处打听价格的麻烦，方便投资，标准银条“横空出世”。除工艺简单、规格统一外，标准银条最受投资者欢迎的一个原因是报价透明。它的报价与当日上海黄金交易所（以下简称“金交所”）的报价一致，投资者只需额外支付一定的手续费就可以了。

以国内第一款储蓄型银条——宝泉银条为例，在市场上，它总共推出了500克、1 000克、2 000克、5 000克四种规格的银条，皆由99.9%的纯银铸造，定价与当日金交所报价一致，投资者需额外支付0.5元/克～0.6元/克的费用。

相比收藏型银条及其他银条，投资标准银条更单纯，手续费也更低。不管购买哪种银条产品，在购买前，投资者都应该想好回购渠道，尽量选择提供回购的商家进行购买。

一般情况下，银条的升水率会远低于银章、银铤、银锭及银饰品，而银章、银铤、银锭及普通的银饰与银条并没有收藏价值，所以在选择实物白银投资时，除银币和古银器之外，标准银条是投资回报率最好的实物白银。相比标准银条，卖出价格等同于白银市场单位价、升水率却相对较高的银章、银铤、银锭以及银饰品的投资意义不大。

## ▷ 实物白银，回购定“富贵”

作为一个普通投资者，我们投资获利的方法就是通过低价买入高价卖出，赚取其中的差额。所以如何买入很重要，如何卖出更重要。

把白银当黄金进行投资的投资者一定无法想到，自己的实物白银虽然涨价了，但却因为错失良机而卖不出去。

赶上2011年银价上涨行情入市的胡先生，花5万元在银饰品牌店购买了实物银条，到2012年5月份，银价开始下跌，胡先生想卖出自己的银条变现。但是这时胡先生才发现，他竟然找不到合理的途径售出他的银条。如果按照品牌店的回收价格，他的利润将大大缩水，而除了这个渠道，他再也找不到其他更好的渠道。这让他倍感郁闷。其实，胡先生的情况还不算是最糟糕的，有许多投资者在银价上涨时，不但没获利，反而折损成本出售手上的实物白银。

2014年年初，李小姐花2万元购买了实物白银，几个月后，她的实物白银市值近2.5万元，但当她准备变现获利时，却发现回购时她的实物白银价格竟然不到2万元。相对于李小姐遇到的情况，有些投资者甚至连回购渠道都找不到，只能看着手上的白银在下跌行情中一路贬值。

出现上述情况的主要原因是现今白银的回购渠道不畅通、回购成本高，但许多投资者在购买白银时并不清楚这一点。

下面我们就白银的几个主要的回购渠道进行详细阐述，并针对这些回购渠道的特点为投资者提供一些有关实物白银回购方面的解决方案。

**1. 品牌渠道只做“自销自收”**

现在各大品牌店都提供回购业务，但它们只回购自己品牌销售出去的产品。需要注意的是，有些品牌回购只是针对投资银条回购，对其品牌的银饰也是拒收的；而且其手续费也相对较高，最低也要3%，而同期黄金的手续费不到1%。

即便这样，许多品牌公司的工作人员还表示，如果不是为了做好售后工作，他们并不乐于回购白银。原因有二：其一，同等价值的白银比黄金庞大许多，不但运输、存储成本高，检测鉴定麻烦，而且要缴纳17%的税，而黄金是免税的，这使得实物白银的回收成本很高。其二，白银价格波动大，如果不限制门槛地回收白银，有可能造成存货积压的风险，给公司的流动资金造成负担。

**2. 银行、当铺多无白银回购业务**

如果把希望寄托在银行、当铺，大多数投资者都会失望而归，尤其是银行。

现今，国内各大银行皆表示，暂无实物白银回购业务，即便是有白银实物代销业务的工商银行和兴业银行也是如此。大多数当铺也无白银回购业务，有些当铺虽然提供白银回购业务，但回购价格十分低廉。例如，前段时间白银的价格在9元/克左右，而回收价格只有5元/克左右，而且当铺的回购模式是不管品种只按重量回购，这对于银币、银饰投资者来说，可谓损失惨重。

**3. 档口回收业务火爆**

与品牌银饰店、百货公司、银行、当铺的态度不同，档口对实物白银回购业务十分感兴趣。因为它们的模式是自产自销，即回购白银，制成银制品，然后再销售的模式。这样，它们可以减少品牌经营、大量仓储和转手的成本，白银回购的利润就比较丰厚了。但是，档口都实行自行定价、自行称重的回购模式，许多档口规模小，也不是很正规，投资者选择档口回购时，要货比三家，寻找性价比最好的档口。

实物白银的回购渠道如此不理想，投资者应该如何减少投资成本、提高收益呢？投资者可以从以下三点进行努力：

**购买时先问清回购事宜。**投资者在购买实物白银时，首先应选择提供回购的公司，这些公司主要包括黄金白银品牌店、部分百货公司，同时要问清回购的手续费、回购溢价率。其实，不同的公司所定的手续费及回购溢价率是不同的。

**平日多关注回购渠道。**实物白银投资者之所以会遇到回购无门的情况，主要是平时未做好相关功课，临时抱佛脚，最后选择了非常不理想的渠道出售实物白银，使得获利大幅缩水，甚至出现明明白银价格上涨自己却亏损的情况。既然选择了实物白银投资，投资者就应该再多花点精力，找好回购渠道，以便在打算出售实物白银时，能第一时间通过最好的途径出售白银获利。

**做长线投资。**投资者如果想通过投资白银在短期内获利，实物白银并非明智的选择，因为实物白银的回购成本实在太高。不过，实物白银比其他白银投资品种稳定性更高、风险更小，做长期投资，获利也将十分可观。长期投资是现今回避实物白银回购难、回购成本高的最有利的方式。

实物白银回购渠道难，回购成本高，容易出现白银价格上涨却只是“纸上富贵”的难题。要想解决这种难题，购买时选好退路、平时多关注回购渠道信息并做好长线投资准备是最好的办法。

# 第三章

## 便捷投资之纸白银

## ▷ 纸白银交易全攻略

纸白银是我国继纸黄金之后推出的一种贵金属投资品种。纸白银的开户入市方式较简单：投资者开通网上银行后，进入网上营业厅，通过个人对国际白银走势的把握和判断，低价买入，高价卖出，赚取其中的差价。但是投资者在网上买卖的是虚拟白银，是不会发生实物的交割和提取的。工商银行的纸白银业务是不收取手续费的，但它实行的是点差收费政策，即投资者买入时会高于市场价格、卖出时会低于市场价格，银行赚取其中的点差作为业务手续费，这也是银行开展该项业务的盈利点。

纸白银投资者只能买涨，不能买跌。这意味着投资者在账户有资金时，可以买入白银，但在账户里没有纸白银的情况下，则不能卖出白银。

纸白银的价格随国际白银价格的波动而上下波动，交易时间也和国际白银交易时间一致。除节假日外，纸白银是24小时不间断交易的，开市时间为周一早上6:50 ~ 7:00，休市时间为周六凌晨4点。因此，在银价发生波动时，投资者能够及时交割操作。纸白银投资虽然具备这一优势，但很多投资者进行多次交易后发现，看似操作简单、风险低的纸白银，其实并不好操作。

由于白银市场动荡，短期内白银投资前景又不明朗，普通投资者看到账户内的资金今天涨、明天跌，且涨跌幅度还很大，因内心恐慌影响了判断，频频出现错误交易也是情理之中的事情。

从某种意义上来说，纸白银的操作确实难于实物白银和白银T+D，但纸白银投资便捷、低风险、低门槛的优势，还是使它成为人们投资白银的首选。

投资者可把纸白银看成白银的价格指数型基金，在投资操作过程中也可参照这种类型基金的操作模式进行操作，合理分配资金，做好相关的准备，分析入场和出场时机。

一般而言，纸白银适合中长期投资操作。如果一段时间内白银价格波动大，也可做短线操作。投资者可根据家庭资金情况及市场行情，选择合适的投资方式。投资时，要注意以下几点。

**1. 根据白银淡旺季，进行季节性交易**

投资纸白银首先要考虑需求因素，白银最大的需求莫过于工业需求；其次饰品类需求也不可忽略。

一般情况下，6～8月，白银的工业需求是年需求的最低点，这也恰恰是银饰的低需求期，而新年前后则是白银的高需求期。投资者可考虑在6～8月淡季时逢低买入，再在次年逢高卖出。

**2. 选择好的入场时间，不可强行交易**

纸白银投资中，选好入场时机非常重要。2011年4月份，白银市场迎来一波上涨行情，很多投资者不想错过时机，明知其中风险大，自己又无法弄懂市场行情，还是强行入场，结果遇到了5月份的下跌行情，血本无归。

这样的情况在投资者中并不少见，因看到别人在白银投资市场挣了很多钱，觉得自己也可以，在对后市有疑惑的情况下，依然强行入场。

选择入场时机时，投资者一定要冷静，寻找可见的交易机会，不要盲目跟随。纸白银市场不缺少投资机会，但并不是每个机会都要把握，一定要多分析市场行情。

**3. 选择好的时机离场**

进场时机重要，离场时机更重要，进场影响的是亏还是盈，而出场则决定盈多少、亏多少。

许多投资者能够抓住一个很好的入场时机，却未必能选择好的离场时机。有位投资者在2010年年底入市，到2011年4月份，他赚了十几万元，结果到了5月份基本又亏了回去，究其原因是没有选择好的时机离场。

选择离场时机较好的方法是找到阻力区间。所谓“阻力区间”，是指纸白银价格一直未突破的区间。对那些曾经引发银价大幅下跌的阻力，投资者更应该保持警惕。一旦突破这些关键阻力，白银市场往往会迎来一波上涨行情。

投资者可以这些阻力点为离场时机，在阻力位前止赢，到阻力位被突破后，可少量跟进。

另外，投资者要果断止损，当认为银价还会持续下跌时，虽然有所损失，也应该果断止损，要知道及时止损也是一种获利。

**4. 控制好交易节奏**

市场情况瞬息万变，正常情况下，一两次判断失误并不奇怪，如果接二连三地出现判断失误，则说明投资者已经对市场失去了判断能力。这时投资者不可急躁，而应该选择暂时停止交易，重新分析影响市场波动的因素，审视市场变化，在能够对市场做出基本正确的判断后再行入场。这样可以减少因判断失误而带来的投资损失。

**5. 善用“止损”和“获利”两个砝码**

纸白银投资中，客户可与银行建立一种委托买卖的关系，银行可根据约定的委托价格对客户的纸白银账户进行买入卖出的操作，这就是我们所说的委托止损和获利。

客户可委托银行获利或止损，也可进行止损和获利双向委托。委托价格可分为两种：止损委托价格和获利委托价格。

通过委托，投资者可设定一个能够承受的亏损价位，再设立一个自认为近期纸白银可达到的获利价位，之后投资者就无需24小时盯盘了，出现突发状况时，系统也能第一时间自动完成对纸白银的操作。

## ▷ 纸白银投资操作技巧

投资者涉足纸白银投资领域，除了明确交易规则和操作步骤外，更要对其中的技巧有所了解。技巧可以令投资者少走弯路。以下便是纸白银投资中常见的技巧。

**1. 不要频繁操作**

如果你不是短线高手，不建议你在2～3元的波动范围内频繁操作。范围应该更大一些，最好在5元以上。此外，一旦因操作失误发生亏损，投资者也不要急躁，应保持平和的心态，认真分析行情。面对亏损，一些投资者往往急于翻本，匆匆忙忙地开立反向的新仓位，结果不但没翻身，反而损失更惨重。究其原因，是这些投资者不能时刻保持理智。“过于情绪化”是纸白银投资的大忌。

**2. 用好“委托交易”**

在纸白银投资过程中，投资者可以与银行订立一种委托买卖合同，定好委托价格，据此进行买卖。委托交易有三种，包括获利委托、双向委托和止损委托。委托价格则有两种，即获利委托价格和止损委托价格。用好委托交易，投资者将大大受益。尤其是对于获利交易，当纸白银价格达到自己之前设定的价位，系统便会自动买入或卖出，使投资者获利。这一方法尤其适合那些无暇关注纸白银市场行情的投资者。

**3. 建立模拟账户很重要**

任何事情都不可能一蹴而就，投资纸白银尤其如此。对于初入纸白银市场的投资者来说，建立一个模拟账户很有必要。通过模拟账户，投资者可以不断提高自己的技能，丰富自身经验，为日后开设真实账户打好基础。值得注意的是，即便是模拟账户，投资者也应该认真对待，这样才能使自己的技术和水平得到真正的提高。

**4. 投资策略和计划的执行要彻底**

通常投资者在投资之前都会制定计划和策略，一旦操作失误，产生亏损，且亏损金额达到自己预先设定的极限，就要立即平仓。此时，投资者不应心存任何幻想和侥幸，投资市场是无情的，不会因为某一个投资者的苦心等待使行情发生改变。而且在等待的过程中，一旦情势继续恶化，损失达到50%以上，投资者便会被迫平仓甚至暴仓。这时，投资者损失的不仅是金钱，还有对投资市场和自身操作能力的信心，有些投资者甚至会因此一蹶不振。为避免这样的情况发生，在具体投资过程中，投资者一定要按照预先设定好的计划和策略操作，不要给自己找任何借口。

**5. 纸白银投资要理性**

在纸白银投资市场上，一旦你连续获利，千万不要得意忘形，在每次操作之前，仍然要做好计划和技术分析。一时的获利并不能说明什么，即便连续几次获利，也不要认为自己已经是一名投资高手。很多时候，这不过是因为你运气好。然而，投资是一种理智行为，运气只能让你一时获益，却不能让你长久获益。投资者在具体操作过程中，一定要谨慎，并适时调整自己的操作策略。

**6. 入市需谨慎，不宜满仓操作**

相比黄金等投资品种，纸白银的价格波动很大，因此不建议投资者满仓操作，否则一旦遇到下跌行情，将损失惨重。建议投资者从一手开始，分段操作。如此一来，虽然获利少了一些，但对于缺少经验的投资者来说，风险也降低了很多。

**7. 保证账户资金充足**

通常投资者的账户金额和投资风险是成反比的，即金额越大，风险越小。一些小额投资者账户的资金仅能做一手，这样一来，无疑增加了风险，并且不允许投资者犯错。事实上，无论经验多丰富的投资者都不可能永远不出错。

**8. 不要逆势操作**

如果是上升浪，就选择做多；如果是下降浪，就选择做空。相信很多投资者都明白这一点，除非行情有大反转，否则一定不要逆势操作。

**9. 学会总结经验教训**

在纸白银投资中，即使是经验丰富的投资者，也不可能每次都获利。投资市场变幻莫测，失败在所难免，投资者大可不必介怀，最重要的是从失败中总结经验教训，避免以后犯同样的错误。一旦操作成功了，要明白成功的原因；操作失败了，也要明白自己错在哪里。只有不断地总结和积累，才能有所进步和成长。

**10. 克服人性中的弱点**

投资市场是一个无情的地方，也是一个理智的地方。在这里，投资者最大的敌人便是自己，想要在纸白银投资中长久获利，先要戒除人性中的贪欲、急躁以及种种不良情绪。想掌控财富脉搏，先要把持好自己。

**11. 不要盲目自大**

纸白银投资者切忌盲目自大，操作之前，要虚心听取别人的意见。如果别人的意见刚好与自己分析的结果相同，可以大胆操作；若不同，也不必担心，静下心来好好想一想，若最终没有十足的把握，就不要实际操作。

**12. 避开雷区**

对白银投资者而言，价格频繁变动且很难预测的时段便是雷区，初学者尤其要绕行。因为这一时段通常没有规律可循，上下波动都在预料之外，轻易触碰，很可能使自己损失惨重。

**13. 坚持每天做记录**

既然决定投身纸白银投资市场，投资者就要从现在起做好记录，每天都将影响自己投资决定的因素记录下来，比如技术指标、国际事件、消息等，事后针对结果进行分析和总结。长此以往，投资者便会发现自己的经验无形中有了很大的提升。

**14. 投资者宜亲自操作**

为什么说投资者应该亲自操作呢？实际上，有不少客户会选择让亲朋好友代替自己操作，以为亲友闲暇时间多、经验丰富，一定能帮自己获取更大的收益。其实，这种做法并不可取。一旦操作不慎，导致严重的亏损，亲友间很可能产生嫌隙。投资者只有亲自操作，经验和技巧才能不断丰富，将来才能博取更大的收益。

此外，最重要的一点是投资者应避免陷入不法平台和代理商的陷阱。对于纸白银投资，投资者最好亲自操盘，一定不要轻信代理商或经纪人代为操作的说辞。如果哪个平台提出代替客户进行交易操作，其运作模式很可能有问题。交易平台和经纪公司可以给客户提供参考意见，但不能取代客户去操作。对此，投资者一定要有所警惕，若是不慎落入此类骗局，也要运用法律武器，坚决维护自己的权益。

投资是一门博大精深的学问，上述技巧有技术方面的，也有投资心理方面的，凡此种种，并不是纸白银投资技巧的全部。投资者在选取运用这些技巧的同时，也可在实际操作中认真分析和总结，摸索出一套适合自己的方法和技巧。

## ▷ 追求复利效益，实现财富增值

纸白银的价格是由银行根据国际白银价格的涨跌来定的，所以我们可以这样理解，纸白银这种产品相当于白银国际价格指数。其投资操作模式可参考相对于某投资产品价格指数的基金。

很多基民投资失败的教训表明：基金投机往往血本无归。造成这种现象的原因有两点：一是投机意味着你必须处于一个绝好的时机，但是对任何理财产品来说，高速上涨只是短时间内的事，之后将是一个稳中有升、偶尔动荡的市场行情；二是投机盈利需要敏锐的眼光，逢低买入，逢高卖出。对于何时入市、何时出市，就连投资专家也没有十成的把握，更何况是普通投资者。

而在基金市场上，实现财富保值与增值的基民却是那些看似有点死板但实际很聪明的投资者，他们投资基金的方式更像定期储蓄，每个月往账户里存一点，长期累积下去。虽然基金价格一直处于波动阶段，但从长期来说，整体价格却是上涨的。所以当投资周期固定，基金价格走高时，买进份额减少；当基金价格走低时，买入份额增加。我们把这种投资基金的方式称为“基金定投”。

事实证明，对于大多数人而言，基金定投的方式比时刻关注市场行情，试图逢低买入、逢高卖出的投资方式更能盈利。

这是因为从长远来说，基金定投不但能够通过平均成本来分担风险，还能通过复利效益摊薄成本。

所谓复利，是指在每经过一个计息期后，都要将所剩利息加入本金，以计算下期的利息，即通俗意义上的“利滚利”。复利是一个容易被人忽略的奇迹，大科学家爱因斯坦称之为“世界第八大奇迹”。

为了证明复利是多么不可思议，人们通常会列举这个古老的例子：

传说有位叫西塔的人，因发明了国际象棋而受到了国王的赞赏。国王对他说：“为了褒奖你伟大的发明，我决定重赏你，你想要我奖励你什么呢？”国王原本以为西塔会要金银财宝、权势地位，结果西塔却说：“我不需要多贵重的奖赏，您只需在我的棋盘上赏给我一些麦子就可以了。”国王对西塔的请求感到很诧异，他疑惑地看着西塔。西塔说：“您只需要在我棋盘的第一个格子里放1粒麦子，在第二个格子里放2粒麦子，在第三个格子里放4粒麦子，在第四个格子里放8粒麦子。以此类推，在每个格子里放入前一个格子两倍的麦子，放满64个格就可以了。”

西塔的要求如此之低，让国王十分意外，于是国王爽快地答应了。但是不久后，国王就发现他需要付的奖励是如此之高，高到他倾尽国力都无法满足西塔要求的地步。因为按照西塔的要求，国王需要给西塔数十万亿粒麦子。懂得复利的西塔获得了巨额财富，而不懂复利的国王则因此被“骗”走了巨额财产。

这就是复利的力量。复利充分发挥了利息的作用。它的计算公式为：$Y=Y_0(1+r)^n$。

想要发挥复利的力量，最基本以及最重要的一点是进行长线投资。从字面意思理解，“复利”是具有连续性的，假若投资者忽然中断投资，也就谈不上复利了。股神巴菲特常常持有一种股票长达二三十年，因为巴菲特深刻认识到了复利所能创造的奇迹——它的力量甚至能战胜通货膨胀。

为了证明这一点，我们可以举一个很简单的例子。有人曾做过一个实验，随机找来100个人回答同一个问题：如果拿出100元钱来投资，每年的回报率是34%，40年后，你将收到多少钱？没带计算机的投资者没有办法准确计算，于是根据猜测，得出的答案大多在几千元到几万元之间。你认为40年后能收获多少呢？100万元多不多？对于准确的答案来说，100万元只是它的十分之一不到。正确答案是：如果投入100元，年回报率是34%，40年后，你将收获1 200多万元。是不是很令人惊讶？

这是复利创造的奇迹，是40年长线投资产生的收益。我们习惯于看到几万元、几十万元的投资，认为只有这样的投资才能创造财富神话，其实日积月累的投资带来的收益同样令人震撼。

如果你看好白银未来的价格走势，纸白银定投将是一件十分靠谱的事情。纸白银定投看似十分简单，但并非适合所有的投资者。

首先，纸白银定投适合投资者而非投机者。使用定投方式投资白银的投资者，投资目的有两个：一是抵抗通货膨胀带来的财富缩水，投资纸白银的目的是为财富保值；二是把白银作为一种投资产品，通过投资纸白银实现财富的增值。复利效益是需要时间沉淀才能体现其价值的，只有秉持这样的投资理念，才能耐得住寂寞。白银市场瞬息万变，今天涨、明天跌，几家欢喜几家愁，投资者要抵御得了诱惑，抵抗得住担忧。

其次，选择纸白银定投的一个前提是看好白银的走势，认为白银长期价格看涨。这时纸白银定投会成为省时、省力又能够带来巨大收益的投资模式。

最后，定投的投资者必须有稳定的收入，这样才不会因资金链断裂而失去好的投资机会。

关于纸白银定投，无论白银价格是涨是跌，都应坚持每段时间投入一定的资金，当然，根据市场行情可以稍做调整。比如这两天白银跌势明显，就稍微推后一两周，等到白银跌到一个较低价位时，可稍微多投入些资金；当白银涨到很高的价格时，可少投入些资金。

综上所述，纸白银定投是追求复利，而非追求短时间内获取暴利的投资方式。纸白银定投还可以分摊风险，投资者不会因为一两次失误操作而出现不可逆的损失。这次操作失误，往往可以从下次时机恰当的投资中得到弥补。纸白银定投适合看好白银走势、有稳定收入的投资者。

## ▷ 纸白银投资要精打细算

投资方式简单、买入卖出方便、投资资金门槛低、没有存放风险的纸白银无疑成为人们投资白银的首选。但是在投资纸白银时，我们不得不考虑一个很现实的问题：投资成本。这里的投资成本，不仅指购买一克白银需要的花费，还包括投资相应单位纸白银产品需要缴纳的手续费。

前面已经提到过，工商银行纸白银投资业务是通过点差进行双向收费的，单向操作收费为0.04元/克，这就意味着投资者进行一次买入卖出的完整操作需要向银行支付0.08元/克的手续费，这相当于白银现货价格的2%。

手续费一直是投资市场不可忽视的问题，看似不起眼的手续费的变动，曾经多次使得投资市场出现波动。

股市就曾经发生过因为提高印花税而导致股市在一定时间内成交量下降、A股指数受挫下跌的情况。事实上，至今股市的印花税也仅仅是4‰而已，比起纸白银的2%简直是小巫见大巫。而在基金投资方面，多家银行为吸引用户，通过自己的渠道购买基金，也纷纷推出了手续费7折、9折的优惠，许多投资者对手续费折扣很买账，银行基金业务收入迅速上涨。

初入市场的投资者可能会疑惑：为什么小小的手续费波动竟然会引发投资者如此大的反应呢？因为成熟的投资者都明白，投资本身就是获取微利的事情，在频繁的交易中，手续费累积下来也是一笔不小的数字。

有这样一种理财理念：省小财，积大财。发现小财流失的地方，加以节制，长此以往，就能省下一笔不小的花费。这种理财观念不是说让我们为节约而降低生活品质，而是了解“小钱”对我们财富的影响，改掉浪费的习惯，学会花钱。

投资也是如此，不但要学会控制购买投资产品的成本，还要学会控制手续费成本。纸白银投资尤其如此。

纸白银投资手续费较高，可以达到成交额的2%。假设一个投资者用10万元投资，那么他每次操作就需要支付2 000元的手续费。这样的高额手续费是市场上大多数同类产品无法企及的。以同为贵金属的纸黄金来算，其手续费仅为0.3%。

出现这种情况的原因并非银行乱收费，而是与纸黄金业务一样，为开展纸白银业务，银行需要投入与纸黄金相当的人工、办公、交通等一系列运营成本，而白银产品的单价低，单笔成交额也低，所以手续费占比较高。

曾经有位纸白银投资者投入8万元，查看白银账户信息发现纸白银价格一天内上涨了近1%，他非常开心，迅速抛售套现，但是在他抛出纸白银后，查看白银账户金额时发现居然亏损了近1%，即

800元。

他百思不得其解，为什么会出现这样的情况呢？因为纸白银账户显示的白银价格是未扣除手续费的价格，在客户点击买入卖出键时，银行才会开始结算点差，所以白银买入总成本=纸白银价格×合约数+手续费；卖出收入金额=纸白银价格×合约数－手续费。

投资者在进行纸白银投资时一定要记住这点，在打算买入、卖出时一定要注意加上手续费进行核算。以人民币账户为例，买入时要用当初的买入价加上0.04元/克的手续费，卖出时以当初的卖出价减去0.04元/克的手续费，才是真实的成交价格。

纸白银的高额手续费也注定纸白银并不适合做短线操作，但为了避免投资亏损，也要适时抛售。关于这一点，投资者应该保持清醒的头脑，不能看见合约价值略有上涨就欣喜地抛售。

相比其他投资方式，纸白银投资有一点尤其值得注意：纸白银要时刻有手续费的概念，手续费成本是纸白银投资的重要成本，投资者应该时刻铭记在心，在买入、卖出操作中，要保持清醒的认识。

# 纸白银投资必胜攻略

## 一、纸白银这样操盘

投资纸白银，趋势判断很重要。一旦趋势判断准确，即使投资者买入的价位略高，在低价位卖出，也能获益；若趋势判断失误，投资者可以采取逆市操作，在低价位买入，在高价位卖出，同样可以获益。

在判断趋势时，投资者要遵循从大周期到小周期的顺序。在熟练掌握纸白银整体行情的情况下，可以先不必太在意日线走势，把精力集中放在周线走势上。当投资者能做到对周走势有足够的了解时，再在此基础上研究日线走势，乃至四小时图和小时图会更稳妥。若这几个周期走势一致，投资者便可依据自己的判断进行操作；若是不一致，投资者就要采取小周期服从大周期的方式判断。

完成趋势判断后，接下来就是对入场区间进行确认了。在这一步，投资者可以采取趋势线或者黄金分割等方式进行。换言之，投资者此时的目的是要找到支撑位和阻力位，并且找到的支撑位和阻力位越多越好。

找到入场区间后，投资者切不可急躁，要冷静下来，等待最佳入场时机。一旦发现银价回调到自己之前确认的入场区间时，投资者就要开始盯盘了。这时，时间的把握显得尤为重要，通常十五分钟是一个比较适宜的时间，时间过长或过短，都会显得投资者有些谨慎过度或者过于激进。

在纸白银投资中，止损同样重要，投资者切不可掉以轻心。此外，还要记住一点：在波浪高处或者低处之下设置止损位是最适宜的。

一般来讲，近期趋势往往是次要趋势，而次要趋势一定从属于主趋势。因此，最后一步便是分析主趋势的阻力位，以此明确出场位置。

在纸白银投资中，投资者一定要把握好以上五个步骤。这对于初入市场的投资者可能会有一些难度，因为除了投资经验不够丰富外，他们在技术基础方面也有所欠缺。然而，投资不仅是一种以小博大的行为，也是一个长期的学习过程。明确了这一点，在投资的道路上，就没有什么不可逾越的险峰了。

**二、金字塔交易法**

相信很多投资者都有这样的体会：纸白银投资想抄底并不容易。但是在高价位买进，往往会亏本，因此很多时候，投资者寄希望于将均价拉低，这种方式被称为“金字塔交易法”。

的确，金字塔交易法可以帮助纸白银拉低均价。具体做法是，投资者可以在最初采取轻仓，银价越低，持仓量就越大，如此一来，平均价格就越接近低点。

例如纸白银价格从6元跌至5元，在此过程中，投资者可以选择在5.8元买入5%，在5.6元买入10%，在5.4元买入15%，在5.2元买入20%，而后纸白银价格还会继续下跌，直到跌至5元，但在这一下跌过程中，投资者可每次都买入25%。

如此一来，最终的均价大约在5.2元左右，与5元的低点价格已经很接近了。这就是通过不断买进所起到的拉低均价的神奇效果。这种方式不仅使投资者容易抓住每次机会，而且有利于投资者规避风险，获得较为稳定的收益。

这种金字塔交易法比较适宜中线看多的形势。当投资者对长线走势究竟是多还是空比较迷茫时，最好不要使用这种方法。

**三、关于纸白银锁损和锁盈**

在一些投资者看来，勇于承认自身过失的投资者是不会轻易锁单和漂单的。对于缺少经验、技术面也有所欠缺的人，解单更是一件难事。在此提醒投资者：解仓切不可犹豫不决，一旦发现行情不好，一定要马上解仓，任何一点迟疑、犹豫的心理，都可能使自己最终面临损失。

刚入纸白银市场不久的投资者面对需要解仓的情况，可能会一时不知怎样操作，不知何时解仓才能将风险降到最低。一旦单子被套，就越发乱了阵脚。其实，在纸白银投资市场上，无论锁单还是解单，都是一门学问，是投资者应该掌握的技能。

锁单分为两种，即“锁损单”和“锁盈单”。一般而言，锁单的难度很大，也很麻烦，即使是经验丰富的投资者，也不建议操作。此外，投资者只要设置好止损位，并严格执行，或者关键时刻及时获利了结，是无需锁单的。接下来，我们可以重点探讨一下锁损和锁盈。

**1. 锁损**

之所以要锁损，往往是因为投资者没有严格止损，且账户又有了很大的亏损，为避免损失更多或者发生爆仓，不得不进行锁损操作。或者是投资者在下单后，发现行情变得不明朗，自己心里没有把握，因而锁损。

说到锁单，就势必要涉及解单，也就是把两个单都平掉，否则不但要承担隔夜单的利息，也会影响之后的操作。因此，即使账户上没有发生亏损，投资者也要及时平仓。

解单并不是一件简单的事情，投资者一定要选好在何时、何处解单以及在什么点位接单。这些问题处理得是否妥当关系到投资者账户的盈亏，因此一定要谨慎。

投资者要记住以下两点：一是行情明朗时是适宜接单的时间；二是破位是最适宜解单的点位。对资历尚浅的投资者来说，想把握好点位和时间是一件比较困难的事情。在这里，我们为大家介绍两种相对简单的方法作为参考：一种是先解逆势单；另一种是先解盈利单。

就以上两种方法而言，先解逆势单相对稳妥一些。因为投资者锁单就是为了避免损失，因此当自身对行情有足够的把握时，不妨先把逆势单解掉，这就等于将一个损失的源头斩掉了。但投资者需要明确的一点是，逆势单不一定是百分之百亏损。至于顺势单，投资者可以在行情即将超出自己的判断时平掉。

至于第二种方法，即先解盈利单，就是先获利，等银价反转或回调的时候，再将另一单平掉。在此过程中，最重要的是判断好反转和回调的时机，若投资者因对行情缺少把握而没有将这一单平掉，就要做好做中长线的准备了。

**2. 锁盈**

从某种程度上讲，锁盈和锁损没有太大的区别，只是账户情况正相反，一个是亏损，一个是盈利。专家的建议是：等待行情明了后再下单比多下一单更稳妥。

锁盈之后，解单要相对简单一些。因为同样是锁单，锁盈时投资者是有盈利的，就不会有太大的心理压力。当然，这种“简单”更多是投资者心理上的感觉，实际操作起来，难度并不比解锁损单低多少。

一旦形成锁单，操作起来就会比较麻烦和困难。为避免日后麻烦，投资者一定要谨慎。

# 第四章

## 杠杆投资之白银T+D

## ▷ 不可不知的白银T+D交易规则

2004年，上海黄金交易所推出了一种白银投资业务，即白银T+D。白银T+D也被称为白银延期交易。这种投资理财产品门槛低，适合工薪阶层，只需缴纳一定保证金，便可通过银行开通此业务。

不过，白银T+D交易规则相对复杂，通过杠杆原理，可做多，也可做空。投资者在入市前首先要清楚投资规则，这样才能避免因不熟悉规则而引发操作失识导致损失的情况发生。

白银T+D的最小交易单位为1手，所代表的实物白银为1 000克，白银T+D对涨跌停幅度有所限定，具体计算方式是上一交易日结算价加上7%或者减去7%。如果达到此幅度，当天交易便会停止。

白银T+D的交易时间为周一到周五，周末及国家法定节假日休市。交易时间具体可划分为三个时段：9:00 ~ 11:30为早市，13:30 ~ 15:30为午市，21:00 ~ 02:30为夜市。其中周五是没有夜市的。

作为一种以保证金的方式进行现货延期交收的投资品，白银

T+D可通过冻结保证金以小博大，达成相当于保证金数倍的交易额。关于白银T+D保证金制度，每家银行有不同的规定，浮动比例大约在总成交额的10%~20%。以工商银行为例，其保证金为总成交额的15%。

我们知道股票为T+1模式，即投资者必须在第二天才能卖出手中所持股票，这无形中增加了一些未知的风险。相形之下，白银T+D在交割时间上是没有限制的，投资者可以选择当天卖出，甚至可以当天进行多次买卖。此外，白银T+D是双向建仓机制，投资者既可买涨，也可买跌。因此，无论银价上涨还是下跌，都有获益的机会。

在手续费方面，白银T+D是双边收费，但各家银行的具体规定也有不同，通常为总成交额的0.15%。客户想要平仓，也需缴纳一定手续费，一般为15%，其中有0.03%是上海黄金交易所交易手续费，其余部分则为银行代理交易手续费。

此外，白银T+D还涉及延递费。延递费是上海黄金交易所引入的一种补偿机制。白银T+D每天发生交割的有看多、看空两方，当双方交割申报数不对等时就会发生递延费，由申报数量少的一方向申报数量多的一方交付延期补偿费。白银T+D合约每日交收延期费，遇到节假日，则根据前一交易日确定的方向交收，收付方向由上海黄金交易所确定，分多付空和空付多两种方式。在空付多情况下，递延费=（买持量－卖持量）×当日结算价×1 000×延期补偿费率×天数（节假日顺延）；在多付空情况下，递延费=（卖持量－买持量）×当日结算价×1 000×延期补偿费率×天数（节假日顺延）。白银T+D的延期费率是0.02%，总延期费=持仓量×当日结算价×延期费率。

在白银T+D市场上，投资者还要警惕被强制平仓。一旦行情不利于己，投资者面临亏损，而账户中的余额又不足以支付亏损，便会被强制平仓。强制平仓是白银T+D有别于其他投资品的一种制度。因此，白银T+D投资虽然门槛并不高，但投资者一定要保证资金充足，在账户中储存足够的资金，以免被强制平仓。

了解了白银T+D的交易规则，投资者对白银T+D的常用术语也应该有一定的了解。

**看多：**预期白银T+D价格上涨。

**看空：**预期白银T+D价格将会下跌，暂且按照当前价格卖出合约，一旦行情下跌，再低价买入，从而将合约中预售的实物抵消掉。说通俗点就是先向银行借白银卖到市场上，等白银价格便宜了再买回来还给银行，赚取白银下跌的价格。

**可用资金：**客户当天可用于交易的资金。

可用资金=客户账户资金总额-持仓保证金-冻结资金-浮动亏损

**可提资金：**客户当天可以进行提现的资金。

可提资金=可交易资金-当日平仓成交单的成交手数×成交价格

**上日结存：**上一个交易日结算完成后交易账号上的余额。

**今日结存：**当日黄金交易所清算完成后交易账号的资金余额。

**浮动盈亏：**又称持仓盈亏，指按持仓合约的初始成交价与当日结算价计算的潜在盈亏，是未实现的盈亏。

**买开仓均价：**多单持有者对账户多单仓位调整后的开仓价格。

**买持仓均价：**持仓均价是在前一交易日的结算价格，如果投资者在当日交易中有新开仓，持仓均价是前一日的持仓价格与新开仓价格的平均值。买持仓均价对投资者的绝对盈亏没有影响。

**当日加权平均价：**某一交易品种当日成交总额除以当日交易总量的平均价。

**开仓：**交易者新买入或新卖出一定数量的标准合约。

**平仓：**交易者通过笔数相等、方向相反的交易来对冲原来持有的合约的过程。

**买进开仓：**投资者对未来价格趋势看涨而买进持有看涨合约的行为。

**卖出平仓：**投资者对未来价格趋势不看好，将原来买进的看涨合约卖出的交易手段。

**卖出开仓：**投资者对未来价格趋势看跌，卖出看跌合约的交易手段。

**买进平仓：**投资者对未来行情不再看跌，补回以前卖出合约，与原来的卖出合约对冲抵消退出市场的交易手段。

**持仓：**持仓是交易者持有合约的过程。

**持仓量：**交易者持有的合约数量。

**多头持仓：**买入合约后所持有的头寸叫多头头寸，简称“多头”，表示未来要付出全额资金，得到白银实物。

**空头持仓：**卖出合约后所持有的头寸叫空头头寸，简称“空头”，表示未来要付出白银实物得到资金。

**交割：**交易者将其持有的合约通过实物交割进行结算的行为。

**跳空**：在“利多”和“利空”消息刺激下，市场出现变动，银价大幅波动。跳空又分为向上跳空和向下跳空。向上跳空是指银价上涨时，当天的开盘价或最低价比前日收盘价高；向下跳空是指银价下跌时，当天的开盘或最高价比前一天的收盘价低。

**回档**：价格上升过程中因上涨过快而暂时回调的现象。

**多头市场**：是我们通常意义上所讲的“牛市”，这时的市场白银价格呈现出长期上涨的趋势。

**空头市场**：也就是我们通常意义上所讲的“熊市”，这时的市场白银价格呈长期下降趋势。

**利空因素**：促使价格下跌对空头有利的因素和消息。

**利多因素**：刺激银价上涨、对多头有利的因素和消息。

**支撑位**：价格在某一时间段内呈下跌趋势，跌至某一价位区间而停止下跌，这时的价位便被称之为支撑位。

**阻力位**：银价在某一时间段内呈上涨趋势，涨至某一价位区间而停止上涨，这时的价位便被称之为阻力位。

任何一种投资品都有相应的投资规则。在某种程度上，规则比技巧更重要。了解并熟悉白银T+D的相关规则，有利于投资者在市场上搏击风浪，获取更高的收益。

## ▷ 白银T+D投资有技巧

相比其他投资产品，白银T+D有很多优势。首先，T+D的交易制度使交易具有即时性，可以随时买卖。其次，它有两个交易方向，可做多，也可做空。白银T+D相对灵活的交易制度无疑为投资者提供了更多选择的空间。除交易制度灵活外，白银T+D具体操作起来，也是有技巧可循的。

**1. 建仓需谨慎，应预留一半资金，不要全投入进去**

很多初入投资市场的人往往有这样的想法：要倾尽所有资金，这样才能使收益最大化。实际上，这是一种不留后路的做法，我们首先必须要留有足够的资金做对冲和最佳保证金。在实际操作中，即使非常幸运地遇到最好的行情，也不能把所有资金都投入进去，投入50%的资金是比较适宜的。

对于投入的这50%的资金，也要谨慎对待。聪明的投资者会将其再分成四份，一步步谨慎建仓。

**2. 建立实验性仓位**

投资市场虽变化莫测，但结果只有两种可能，不是下跌，就是上涨。由此，很多投资者盲目地认为，无论怎样选择，自己永远有50%的胜算。实际上，投资不是赌博，而是一件理性而慎重的事情。聪明的投资者会分步谨慎建仓，不会盲目猜测行情，而后孤注一掷。

无论是在投资市场久经风浪的人，还是初入市场的投资者，在具体操作中一定要有足够的耐心，不妨先拿出一小部分资金，建一个实验性仓位，用以试探市场行情的虚实。得出结果后，再根据具体情况，逐步加大资金份额，建立主力仓位。在测验过程中，一旦发现行情与自己预测迥异的情况，要立即将实验性仓位平掉。

**3. 建立对冲头寸，降低风险**

我们知道，白银T+D既能做多，也能做空，是双向交易。这就使得投资者可以建立对冲空头头寸，将现有持仓的收益和风险锁定。此后，若行情上涨，可一点点将空头仓位降低，同时将多头仓位增加。若是下跌行情，则应将多头仓位逐步降低，将空头仓位增加。长此以往，投资者的收益便可比较稳健。

然而，在投资市场上，并非所有投资者都有这样的耐心，不乏冒进者为获取更大效益，单方向重仓进出，且频繁操作，结果往往未能收到预期的效果，还付出了更多的手续费和佣金。

**4. 要有风险防范意识**

对前面提到的三点策略，很多初入市场的投资者可能会不以为然。这是因为他们缺少风险防范意识。想要在白银T+D中获益，一定要懂得防范风险，并找到真正适合自己的投资风格。

为降低风险，初学者可以先选择小单量，慢慢培养理性的交易思维，学会遵循和适应市场，再加大单量。有些人可能会觉得，任何投资都是有风险的，只要小心谨慎，就不会有大的亏损，而一旦抓住机会，就能大赚一笔，并将之前的小额亏损全部平掉。不可否认，此想法有合理的一面，但另一方面，也反映出投资者风险防范意识的欠缺以及投资理念的偏颇。

在投资的市场上，风险总是伴随利益而存在，投资者的小心谨慎虽然规避了一些风险，但同时也降低了收益率。此外，在一些特殊情况下，尽管投资者已经很小心，但仍会发生很大的亏损。例如投资者为降低风险，将持仓量减到很小，却忽然遇到一连串反方向的震荡，这时较严重的亏损仍是不可避免的。

此外，一些投资者对行情的判定，往往带有很强的主观色彩，若实际情况恰好相反，投资者则又面临较严重的亏损。

现实生活中，往往有些出入市场的投资者，一开始谨慎小心，风险意识很强，在这样的情况下，连续多次获得微利。这时，一些投资者就会想，如果当时胆子大一些，单量大一些，现在不就可以获得更多收益了吗？在这种心态下，投资者的风险防范意识逐渐淡化，直到吃了几次大亏，才转变心态，有了更强的风险防范意识。

由此可见，在白银T+D投资中，要想长久获利，一定要有风险防范意识，按照上述几点策略去操作：谨慎建仓，不要把资金都投进去；要建立实验性仓位作为先头兵，试探市场行情；建立对冲头寸，将风险降到最低。

## ▷ 买涨、买跌两相宜

自2008年开始，国际白银价格一路上行，到2011年4月，在短短3年多的时间里，银价从7美元/盎司上涨到近50美元/盎司，上涨高达700%多，大家振臂高呼白银时代到来了。在其后的三年里，白银投资市场行情仍向好。

白银投资的热情逐渐高涨，尤其是当年50美元/盎司的价格令很多人惊叹。于是不少投资者扼腕叹息，恨自己进入白银市场太晚；同时也隐隐担心，白银价格在一路上行后，是否会陡然下跌呢？由于对市场缺少了解，也缺乏相应的知识，很多人仍然持观望态度。

2011年，白银价格依然保持在36.80美元/盎司的高位，但许多专家依然认为现阶段白银价格太高，白银投资风险太高，投资者应该谨慎观望。投资者不免踌躇起来：眼下黄金价格处于历史高位，选择这一时间进场风险也会很高吧？

2013年是白银投资市场最惨的一年，累积跌幅为36%，创1982年以来最大年度跌幅。[①] 但偏偏有人乐于见到这波下跌行情，他们

① 2013年白银走势回顾及2014年展望［J］.金投白银.2014-2-11.

在5月的银价下跌行情中也赚得盆满钵满。他们不是用短线操作，抓住了下跌和上涨的波段，而是运用白银T+D的做空机制，在很多人看不到的白银投资市场的“灰色空间”里，抓住了难得的机会，用买跌的手段，在白银下跌的行情里获取收益。

白银T+D这种既可买涨又可买跌的双向交易机制，使投资者在下跌行情中，同样有获利的可能。

除了低买高抛的一般操作手法外，投资者也可以在银价下跌的时候，先卖再买，以此来获取收益。所以白银T+D不存在无法操作的时期，涨时可以操作，跌时亦可以操作，这需要投资者的合理判断。

投资者对做多或者买涨应该都比较熟悉，接下来我们就解释做空或者说是买跌的定义及其操作规则。

“做空”也叫买跌，即当你预计到白银T+D未来会跌，就在当前价位高时卖出合约，等到银价下跌到一定程度时买进合约，以现价还给卖方，其中的差价就是投资者的利润。

比如现在的银价是7元/克，你预计白银价格将下跌，那么你可以如同买涨操作般，先卖出一部分合约，这时你相当于向上海黄金交易所借了5手白银T+D合约卖出，等到白银价格下跌到6元/克时，再买入5手合约，等于把之前借上海黄金交易市场的合约又还给了它，这样你就可以获得5 000元（1 × 5 × 1 000）的收益。

这就是白银T+D的优势。如果投资纸白银或白银实物，投资者只能等到白银价格上涨才会盈利，如果银价一直跌，投资者只能坐等或是忍痛卖出，投资者比较被动。而白银T+D是双向交易机制，一旦多单入场后，行情忽然发生反转，投资者可以选择平掉多单，反手做空，如此一来，不但亏损的钱补回来了，还可能有所盈余。

投资者要想通过做多做空双向获益，找准入市时间点是关键。白银市场盘小，影响因素多，一点风吹草动都可能带来银价的剧烈波动，把握买涨买跌、买入卖出的时机尤为重要。

买涨和买跌的时机把握是不同的：买涨最差的时间就是白银价格涨到顶点时，买跌的最佳时机是白银价格涨到顶点的时期。也就是说，买涨只有在白银价格涨到一个时期的最高点是错误的，买跌则只有在白银价格接近一个时期的最高点才是正确的。所以看似同等机会的操作，买跌比买涨更难操作。[①]

另外，不管是买涨还是买跌，风险控制的理念是一样的。买跌同样存在强制平仓的可能。比如当投资者的白银T+D账户资金总额为1万元，他以7元/克的价格卖出保证金为10%的合约5手，需要花费3 500元（7×1 000×5×10%），几天后白银价格出现上涨而非下跌，并上涨至9元/克，这时他亏损4 500元，即1–9×1 000×5×10%–（9–7）×1 000×5=–4 500，则他依旧会被强制平仓。

在白银T+D的做空机制下，只要白银市场处于波动行情中，投资者就有机会。目前看来，白银市场依旧是一个波动的市场，现在依旧是白银T+D投资的好时机。但不管是做空还是做多，投资者都应该注意控制风险。

---

① 韩炳刚，周峰．白银投资交易实战入门［M］．北京：中国铁道出版社，2013.

## ▷ 白银T+D的“全民盛宴”与背后风险

随着投资理财视野的开阔，人们投资理财的观念也随之发生变化，越来越多的人意识到资本的力量。在这个“钱生钱”的社会里，保证金制度无疑成了白银T+D最大的优点，也是白银T+D业务对投资者最大的诱惑所在。

机遇无处不在，但资金却成了一些投资者最大的限制，如20世纪90年代的股票、基金、房产，许多人看到了其中的商机，却囊中羞涩，只能看着别人的财富成倍增长，而自己连参与的机会都没有，只有眼红旁观的份。

这点在房产投资市场表现得尤为明显。20世纪末，中国房价进入高速上涨时期，随后的十几年时间里，房地产投资的风险基本为零，而回报却是至少每年上涨20%，甚至翻番。如果一位投资者2001年的时候在成都二环路附近买了一套100平方米的房，当时的房价在1 000元/平方米左右，而现在同地段的房价已经基本涨到了10 000元/平方米。在短短的十年里，他仅需要花10万元，就可以获得90万元的投资收益。

但就是因为缺少这10万元，无数投资者错失良机。于是常听人叹气，如果当时我有钱在某某地段买一套房子，现在也就不需要挣扎在贫困线上了。

白银T+D就像专门为弥补普通大众的遗憾而设置的投资盛宴。白银原本单价就低，属于平民投资的范畴。白银T+D还设置了只需要支付10%～20%的保证金就可以入市大干一番的游戏规则，无论你是资产上亿元的富豪，还是月收入只有几千元的小白领，甚至是年收入不到1万元的蓝领人士都可以进入白银T+D投资市场。

投资白银T+D最低单位为一手，即1 000克，再乘以10%～20%的保证金就可以进入白银T+D投资市场，进行以小博大的游戏，获取丰厚的收益。

例如，一位投资者用1万元资金来投资白银，当白银市价上涨10%时，投资纸白银，可获得收益11 000元；投资白银T+D，哪怕是选择20%的保证金，也可获得55 000元的投资收益。这就是善用保证金带来的巨额收益，也是许多人选择投资白银T+D的主要原因之一。

当我们确定一种投资产品必然要盈利时，利用保证金的杠杆原理，可以最大限度地抓住机遇，创造巨额财富。

但是天下没有免费的午餐，几乎所有的投资收益和风险都是成正比的。白银T+D投资亦是如此。

白银T+D的杠杆原理令投资者的收益扩大了5～10倍，同样地，投资者所承担的风险也被放大了5～10倍。

更重要的是，如果没有意识到杠杆原理的风险性，面对强大的回报诱惑，投资者盲目投资，一旦出现亏损，可能会面对强制平仓的危险。

强制平仓的概念来自于期货市场，当投资者银行账户的保证金不够支付手中白银T+D合约的保证金时，银行就会通过系统强制卖出白银T+D合约中你无法支付的那一部分。

如果投资者无法追加保证金，也意味着如果明天行情上涨，投资者无法享受已被卖掉的合约带来的收益。虽说强制平仓制度是为了减轻投资者的风险，但从另一个方面来说，强制平仓也在无形中减少了投资者的收益，令被强制平仓的投资者回本更加困难。

除价格波动可能会给投资者带来强制平仓的风险外，还可能因政策或交易规则的改变而被强制平仓，这主要是由于银行或期货公司因某种原因提高保证金比例，使得投资者必须支付更多的保证金才能持有原有的白银T+D合约。

历史上曾有过提高保证金比例，引发白银投资市场动荡，改变白银投资市场格局，令白银投机巨鳄迅速破产的真实案例。这个案例发生在20世纪七八十年代，当时白银投资市场异军突起，亨特兄弟集团全力以赴炒作白银市场。提高保证金制度虽然不是这场惊天动地的白银投机行情从一路高涨到瞬间暴跌的全部因素，却是关键点，因为提高保证金比例撼动的是亨特兄弟集团以及其他疯狂跟风投资者的资金链。因之前已投入了所有可动用的资金，所以当保证金增加时，无力支付白银合约保证金的亨特兄弟集团，只能大量抛售白银期货合约，导致白银市场银价迅速下跌。

白银T+D为投资者解决了资金的问题，提供了以小博大的机会，但同时它也蕴藏着同等的风险，因此规避风险是白银T+D操作的关键。

但是，我们不可否认的是，白银T+D相对于纸白银和白银实物来讲，很大程度上解决了投资者的资金困扰。纸白银或者白银实物投资者都必须用等额的资金购得产品，而白银T+D的投资者则相对自由，投资者可以投15%的保证金进行激进投资，也可以投100%的保证金做保守投资。而且投入100%的保证金后，保证金中剩余的85%的保证金投资者依然可以自由支配。

任何一种投资都有风险，白银T+D的投资风险尤其大。对于白银T+D投资中蕴含的高风险，投资者应该直视，而不是逃避，更不能因此就对白银T+D敬而远之，因为它仍不失为一种值得选择的投资品。

## ▷ 白银T+D投资，控制风险是关键

在上面一个章节中，我们已经详细分析了白银T+D保证金制度中的杠杆原理能够给投资者带来的收益和风险。

在享受白银T+D投资的收益之前，投资者首先要学会控制白银T+D投资的风险。白银T+D的杠杆放大作用，在把我们的收益放大最少五倍的同时，也把我们的风险放大了至少五倍，在如此高的杠杆作用上，防止市场波动带来的损失很重要。可以这么说，控制了白银T+D的风险，就等于在白银T+D投资上赢了80%。

再以2011年5月的下跌行情为例，那期间无数的投资者血本无归，那段时间被人们称为“黑色五月”。但是也有很多投资者在此期间获利几倍甚至十几倍之多。

老黄是白银T+D投资中的老手。他自2009年开始投资白银，后在2010年转移投资白银T+D，转投期间盈利200%。在2011年白银投资“黑色五月”时，他受到了一些损失，但并不影响他的回报。此后，2012年到2014年间，老黄一直保持小幅盈利。他是怎么做到的呢？我们知道，白银T+D风险主要来自于保证金制度所带来的平仓

风险，以及杠杆原理所带来的亏损翻倍的风险。而老黄懂得仓位控制和及时止损。

控制仓位是股票投资中的常用术语，是指控制账户资金和购入产品资金的比例。具体到白银T+D中，控制仓位是指控制白银T+D账户中的资金与购入合约花费保证金的比例。如果一个投资者白银T+D账户资金为10万元，他花费五万元购入白银T+D合约，则其白银T+D占账户资金50%；如果他把10万元全部用于投资白银T+D，则为满仓操作；如果没有购入任何合约，则为空仓。

仓位控制是白银T+D投资中最重要的技巧，给初入白银T+D市场的投资者首先提出的一个建议就是：永远不要满仓操作。否则一旦出现投资判断失误，除了可能因无资金追加而被迫平仓外，还可能使投资者受惊慌情绪影响，出现接二连三的错误操作。

建议投资者将仓位控制在50%以下，在确定自己能够准确把握行情时，可以相应调整仓位。

上述案例中的老黄虽然已是白银T+D投资中的老手了，但是他从来未满仓操作过，在看准行情时，最高也只达到过80%的仓位，而且仅仅只这样操作了两周，其余时间，仓位一般都控制在50%左右，在4月份，因看到银价疯狂上涨，他还有意识地把仓位下降到了30%。

用老黄的话来说，白银T+D虽然刺激，但毕竟不是赌博，要永远保持理性，进行合理的技术操作。能够比较好地控制仓位的投资者，才能在白银行情的波动中保持平和的心态，从而进行理性、合理、从容操作。

此外，投资者还应该注意，前面我们讲到了白银T+D业务的时间不是连续性的，每个交易日有三个交易时段，分别为夜市：21:00 ~ 次日凌晨2:30（周一 ~ 周四）、9:00 ~ 11:30（周一 ~ 周五）、13:30 ~ 15:30（周一 ~ 周五），而国际白银价格是连续24小时波动的，所以当国际白银价格出现大幅度波动时，我们的白银T+D将出现一个跳空的走势，面临一个单向的大幅度的波动。

所以建议投资者在某个波动结束时，如果对白银价格未来走势把握不准的话，可以进行一个反向开仓。比如说，你原来看了一个多仓，那么接下来你就开同样数量的空仓，这样即便出现跳空走势，理论上你的仓位价值是保持不变的，可以避免在交易时间空档期价格大幅波动引发强制平仓和爆仓的风险。

止损是白银T+D的另一个重要技巧。这个技巧与其说是操作技巧，不如说是投资心理管理。所谓止损，是在白银T+D投资处于亏损状态时，不再等待回本机会，果断卖出所持有的合约的行为。

止损是为了避免更大的损失，这也是一种盈利。在5月的下跌行情中，老黄的白银T+D虽然几天暴跌10%还多，亏损将近40%，但他没有因为不甘心损失而像大多数人一样继续持有，期待回本，而是果断割肉，这让他少损失了近80%。

有一定投资经验的人都会有这样的感触，当投资出现失利时，许多投资者都会产生不甘心的心态，期待扳回一局。这与赌博者的心态比较相近，当一个人在赌场上失利时，他就会想方设法地期待从赌场上赢回失去的钱，但结果往往是越输越多。原因很简单，这时他压力加大，求胜心切，头脑开始变得不理智，对形势判断不再客观，所以容易输上加输。

投资者也容易有这样的心态，哪怕是有许多引发市场波动的事件告诉投资者投资的产品行情不被看好，投资者依然会继续持有这个产品，仅仅因为不甘心，想扳回一局。

留得青山在，不怕没柴烧。将损失降低到最小，才能避免更大的亏损，才能保留资金在白银T+D市场上走得更远更稳。

另外，白银T+D的止损无法通过市场设置，只能自己手动卖出或买入，所以投资者一定要时刻关注账户情况。当亏损达到预定数额时，为避免损失更大，一定要及时斩仓出局。

仓位控制和止损是白银T+D风险控制的主要手段，而风险控制则是白银T+D最重要的环节之一，做好这两点是做好白银T+D投资的第一步，也是至关重要的一步。

## ▷ 短线操作，找准点位，空不过五

现今白银已经走过了单边上涨行情，进入了宽幅震荡期，所以买入并持有策略已经不太适合非长线操作的投资者，如果白银T+D中短线操作者想在目前的震荡行情中进行波段操作，应该注意些什么呢？有哪些操作策略呢？

**1. 在开始投资前就应设置止损位**

有些投资者并没有认识到这样做的重要性，或是觉得待出现亏损时，再根据情况设置也不迟。但是其实并非如此，因为现在白银投资的盘面并不稳定，而白银T+D随着白银价格小幅波动会带来投资者账户金额的大幅波动。提前设置止损位将为投资者的风险设定一个下限。因为属于短期技术性操作，投资者操作手法应该偏向于保守，止损位应该设置在较高范围。

**2. 在进行白银T+D短线操作时要切忌贪念**

投资者在投资过程中经常会犯这样的错误。之前设定的投资获益目标是3 000元，等到真的获利3 000元时，这时价格明明已经接近阻力位，形式可能发生逆转，但是他希望获利更多，依旧持股待涨，结果情况顺势逆转，不但折损了获利，还有可能损失本钱。

在白银T+D的短线操作中尤其忌讳贪念。首先，短线操作过程中的利好消息原本就比较薄弱，一点风吹草动都有可能逆转基础面，特别是多次未突破阻力位，压力更大。其次，白银T+D杠杆能放大收益同时放大风险，因此见好就收、见不利就撤的及时止盈和止损的观点在短线操作中尤其重要。

**3. 白银T+D可做多做空双向操作**

在短线操作中，投资者可利用这一点，当发现趋势逆转可能性大时，可反向操作。但投资者在进行空仓操作中，要遵循“空不过五”的原则。

“空不过五”是指持有空仓不应超过五天，也指要在周五下午一周交易结算时（15:30）进行平仓。因为在周末非交易时间内，投资者无法知晓国际白银市场的动向如何，而且就近几年，尤其是2010年和2011年的行情来看，白银价格跌势很少有连续超过5个交易日的。持空仓者根据这个波动规律，在5个交易日后平仓可减少风险。

**4. 短线操作，找准支撑位和阻力位是关键**

阻力位即指有压力的点位，价格在多次上涨到这个点位时，会出现疲软，无力再冲高，出现回落；支撑位即指有支撑的点位，在下跌行情中，多次价格下跌到这个点位时，价格获得支撑，止跌，低位冲高。判明支撑与阻力，可以确保投资者不会买在天价卖在地价。短线操作时寻找到阻力点和支撑点，有利于投资者在阻力点和支撑点设置一个合理的短线买入和卖出价，增加操作的准确性，降低操作风险。

判断支撑位和阻力位，比较简单的方法就是观察白银的K线图的历史价格，看最高点和最低点是多少、收盘价是多少。

一般情况下，高价位和低价位会形成一个区域，而非一个点，行内把它称为阻力区和支撑区，但是这个区域不易设置太宽泛，否则就失去了指导意义。值得注意的是，当主要支撑点被击穿时，该支撑点便会转化成主要阻力点，反之亦然，当阻力位被突破后，该阻力位也会成为主要支撑点。

一般情况下，由于心理因素的影响，一些整数大关常会成为上升时的重要阻力。把握好支撑位和阻力位，能够使投资者更好地判断行情，如果冲过阻力区时，则表明市场看多情绪浓厚，未来上涨空间大；如果跌破支撑区时，表明市场看空情绪浓厚，未来银价可能出现跌势。

**5. 控制心态**

投资者在白银T+D的短线操作中尤其要注意控制心态，保持平和的心态，不盲目追高，也不要逆向操作，在多次操作失误后，应停下来重新审视自己的操作手法，不可产生赌徒心态。面对白银价格波动大，白银T+D杠杆带来的投资高刺激，保持平和心态，进行理性的技术操作尤其重要。

期望在宽幅震荡行情中投资白银T+D有所获利的投资者，首先要注意风险控制，严格止盈止损；其次要注意技术的养成，把握准确支撑位和阻力位的能力，并保持良好的、理性的投资心态，严格进行技术操作，忌讳贪念和赌博心态。在持空仓时应注意在目前形势还未转变的情况下不要持仓过五。

## ▷ 投资白银T+D，谨防骗局

近年来，白银投资市场逐渐“升温”，尤其是白银T+D。其投资门槛很低，并且可以通过杠杆原理，以小博大，获取更高收益，这些显见的优势使白银T+D在白银投资市场上颇受欢迎，也给一些不法平台带来了可乘之机。

2014年，王先生通过在深圳一家投资公司供职的熟人介绍，经不住劝说，将手中十几万元交给对方做白银T+D,本以为像朋友说的那样，用不了多久就能翻番大赚一场，不想“肉包子打狗”，账户里很快只剩下了零头。

王先生这才发觉自己被骗了。为拿回血汗钱，王先生不得不大费周章地与熟人所在的公司打官司。虽然最终胜诉，但一想到此事，王先生仍然愤慨不已。在此提醒广大白银投资者，在准备投资白银T+D前，一定要做足功课，了解清楚所选择的公司是否正规，是否具备代理白银T+D交易的资格。

其实，白银T+D与黄金T+D一样，除了上海黄金交易所注册的会员单位开办的业务，对于任何其他公司或平台，投资者都应谨慎。尤其在一些经济发达地区，很多投资机构甚至连营业执照都没有，却打着各种投资名义进行交易。当然，也并非所有这类公司都坑骗投资者，但是当他们不在内地设盘，而是在香港地区或者国外设盘，相关法律难以监管，一旦投资者被骗，打官司的难度可想而知。为避免出现这样的局面，在此提醒投资者，一定要找通过上海黄金交易所注册过的会员单位。

除了防止被骗以外，想要在白银T+D中获利，还有几点注意事项。对于初入白银T+D市场的投资者，不建议一开始就加大资金操作，因为这时投资者往往对市场和白银价格走势了解不多，难以把握。这时，投资者可以从一手单开始，循序渐进，待具备了一定的技巧和要领，再加大资金。

此外，我们虽然做的是白银T+D，但判断和分析行情时，可以依据现货白银的K线走势，有时投资者甚至完全不需要看白银T+D的K线图。白银T+D的走势与国际现货白银一致。当国际现货上涨时，白银T+D的价格也会随之上涨；反之亦然。这就是为什么投资者分析时可以国际现货白银走势为依据。虽然在具体操作中，白银T+D是以人民币报价的，而国际现货白银以美元报价，但投资者无需理会这一点，也无需考虑两者之间的价格差，只要看到国际现货的走势发生反转，投资者便可以放心地在相应的点上做单。

投资者还应注意每周五晚是否有夜市，如果是委托投资，还应注意那些没有成交的单子，从晚上九点直到第二天下午三点半，也即一个交易日内，这些未成交的单子都是有效的。所以说，想做好白银T+D投资，要格外注意交易时段。

有些投资者只懂投资，却不懂白银T+D盈亏的计算，或者觉得没必要去关注，以为电子结算出错的概率基本可以忽略不计。这样的思维有一定道理，但对于投资者而言，了解和掌握白银T+D的结算方式也是很有必要的，一来可以做到心中有数，二来若是遇到不法平台，也可以及时发觉。

下面就为大家介绍一下白银T+D盈亏的计算方法：白银T+D每天收盘后，系统都会自动结算，进行相应的资金划波，用一个公式表示，即：

当日盈亏=[（卖出成交价-当日结算价）×卖出量]+[（当日结算价-买入成交价）×买入量]+（当日结算价-上一日交易结算价）×（上一交易日卖出持仓量-上一交易日买入持仓量）

既然选择了白银T+D，投资者就应该尽可能了解相关信息，在投资之前做好准备，以免落入不法交易所和代理商的陷阱。

# 第五章

## 其他白银投资产品

## ▷ 白银期货投资优势多

2012年5月10日，白银期货正式挂牌上海期货交易所。这是继黄金之后，国内上市的第二个贵金属期货品种。白银期货的出现，不仅使白银投资品种更加完善，同时也标志着我国开始拥有白银价格发言权。

简单地说，白银期货是指以未来某一时点的白银价格为标的物的期货合约。这一期货合约是由与之相应的期货交易所制定的，合约上明确规定了白银的质量、规格以及交割日期等。

白银期货投资具有诸多优势，例如投资门槛低，且是双向交易，无论涨跌，投资者都有获利的机会。此外，白银期货的一些制度的设定，也增强了它的优势。

**1. 保证金制度有利于提高和优化套保资金的使用效率**

白银期货合约的保证金与黄金期货保证金设计相同，根据上市运行的不同阶段，共分为四个档次，即7%、10%、15%、20%。相对于铜、锌、铅等金属，白银期货的保证金比例更简约。这样一来，便将最高比例降低，这有利于白银期货套保资金使用效率的提高和优化。

**2. 白银期货的限仓制度有利于企业套期保值**

白银期货与黄金等期货一样，都有限仓制度的设计，即在不同时期有持仓限额和限仓比例的规定。对于非期货公司的客户或会员，交割月份限仓六百手，相形之下，比黄金期货要高出一半。这一设计无疑可对白银相关企业参与套期保值起到正面作用。

根据期货市场的一般规律，白银期货有三大特点。

**1. 杠杆放大原理**

根据黄金期货和国际白银期货投资规则，白银期货中杠杆原理是其最重要的特征之一。这就意味着白银期货与白银T+D一样，将对投资者的资金、心理素质及市场分析能力，提出较高的要求。因为白银期货的杠杆放大原理，将使白银期货成为一个一次失误操作都将带来巨大损失，一次正确操作都会带来可观收益的投资方式。

**2. 买空买多双向操作**

买空买多双向操作是期货市场最大的特点，投资者在白银价格上涨和下跌时都可投资获利。

**3. 强制平仓**

白银期货投资与白银T+D一样，每日进行结算，账户资产不能为负数，因此，要求投资者同样要注意仓位的控制。

看完这三大特点后，投资者不禁要问，白银期货和白银T+D有什么区别呢?

首先，交割时间规定不同。虽然白银期货和白银T+D都可以当天购买，当天卖出，但是白银期货最后交割日期有时间限制，超过这个日期，投资者将被强制平仓，而白银T+D则可延期交易，只需要交付一定的延期费用就可以。限定最后交易时间意味着投资者要承担更大的风险，如果到限定期限，投资者处于亏损状态，而后市却看好的话，投资者只能被强制平仓，接受亏损，然后再进行重新建仓。

其次，平时的交易时间也会有所不同。根据黄金期货的交易时间，期货交易只有上午和下午各两个小时，白银T+D则有夜晚交易时间。而国际白银期货则是24小时交易变动的，中国白银期货无自主定价权，只能根据国际白银期货价格走势变动而变动。这就意味着白银期货投资者有更多的操作空档期，而且这个空档期比白银T+D的时间还要长。在这么长的空档期内，投资者只能眼睁睁地看着白银期货价格涨跌，而无能为力。这将在很大程度上缩减国内白银期货投资者的获利，放大投资风险。

从过去黄金期货投资情况来看，有近一半多的国内期货投资散户因此损失惨重。

不过，无晚间交易时间也有益处，可避免投资狂热分子在夜间一直盯盘、操作，影响睡眠，造成平日的疲劳，这对于白天还要上班的普通投资者来说损害极大。

最后，手续费用不同。白银期货的手续费用低于白银T+D的手续费。较低的手续费是白银期货比白银T+D更加吸引投资者的一个原因。因为低手续费，投资者可以更游刃有余地进行短线操作。

针对这一点，也不得不提醒普通的投资者，不要太过频繁进行短线操作，因为白银价格波动很大且非常频繁，持续不断地频繁短线操作，难免会出现多次操作失误，引起重大的损失。

面对白银期货巨大的价格波动，投资者应该保持一种冷静的头脑、平静的心态，每次投资都应该经过冷静分析和思考。

同时，和白银T+D投资一样，投资者应该懂得把控仓位，调整心态，找准止损点，进行理性操作。

## ▷ 白银期货投资技巧

任何投资都是有风险的，白银期货投资同样如此。要想在这一投资市场获利，一定要了解相关注意事项和投资技巧。

**1. 白银期货投资的注意事项**

首先，投资者既然选择白银期货，就要事先对期货投资的风险和特点有所了解。这样才能在具体操作过程中有的放矢，不至茫然无措。

其次，白银与其他投资产品相比，往往波动性较高，波动幅度较大，通常要高于黄金价格的波动幅度。此外，白银价格的异常波动比较多，且随机性较强，使得这一投资产品的风险也比较大。因此，投资者在白银期货投资中，一定要尽可能地把握白银价格波动规律。

再次，选择最佳的交易方向和入市时间很重要。为了做到这一点，投资者可以研习白银避险资产以及风险资产的特性，并遵循期货趋势交易的原则。

最后，一套完整的交易计划必不可少。一套完善的交易计划往往包括头寸规模、市场、止损、入市和离市等几项。

头寸规模关注的是买卖多少。买卖多少也是影响资金管理及多样化的一项重要因素。在具体操作中，投资者可以结合投资品种的波动性以及不同品种之间的相关性来确定持有头寸规模。对于波动性过强的投资品种，不建议持有规模过大。同时，对相关性强的品种，也不宜同时持仓过大。

市场计划关注的则是买卖的多少，在什么场合交易。投资者要注意选择流动性好的市场和交易比较频繁的合约。

止损计划，顾名思义，它关注的是何时止损出市，将损失降到最小。这一点是因人而异的，投资者要根据自己的风格和情况来确定止损的原则。比较常见的是根据波动率来设置止损，这样不仅可以保存实力，也使投资者不至于在波动正常的情况下止损出局。

入市计划关注的是何时买卖。投资者在具体进行交易计划设计时，切忌无原则和无依据。

离市计划关注的是何时止盈出市。一套理性而完善的交易计划，通常都会标出明确的获利出市原则，而非稍有收获就离开。但投资者也不能苛求一定要在最高时卖出，或者在最低时买进。比较理性的做法是，看之前持有的获利单子的方向有没有发生改变，以此来判断趋势是否发生反转，进而来具体决定。

制订交易计划并不难，难的是执行。有些投资者没有制订交易计划的习惯，或者制订之后很快便弃之不用。但事实会告诉他们制订交易计划并遵循各个环节的交易原则是很有必要的。

此外，投资者还要格外警惕白银期货投资骗局。2012年，由于股票市场低迷，很多公司不得不裁员。在这种情况下，很多被裁掉的股票经纪人转为白银期货经纪人。因为之前积累了很多客户资源，这些经纪人便鼓动客户转投白银。我们知道，期货经纪人的收益主要来源于佣金提成，而白银期货又是T+0交易模式，一天可以多次交易。此外，在杠杆的作用下，佣金的数额也成倍提高。因此，一些经纪人便鼓动客户，甚至代替客户进行频繁交易。如此下来，投资者很快发现，有时自己需要交的佣金数额非常大，甚至远大于所获收益。

类似的骗局中，上当的往往是那些不明就里、对白银期货不太了解的投资者。不法平台以及经纪人正是利用投资者期货白银投资知识不足，又期望迅速赚取高额收益的心理进行夸大宣传。一些投资者听信不法平台的言论，以为"一夜暴富"的梦想可以在白银期货市场上实现。在具体操作中，投资者在经纪人的"指导"下，追涨杀跌，不断操作，最终损失惨重。

期货白银投资市场千变万化，盈亏都在情理之中。投资者要对白银投资有理性的认识，认真了解相关知识，这样才不至于在出入投资市场时陷入一些不法平台的利诱之中。

**2. 白银期货止损技巧**

在白银期货交易中，止损方案的设置也是有技巧可循的。

首先，从白银价格波动的特点我们不难看出，其日波动率相对较低。由此，根据银价历史波动的大致规律，投资者可在日波动幅度上限附近设置止损位。

其次，白银是一种具有较强金融属性和货币属性的投资品，因此，无论国内市场，还是国外市场，其价格波动的方向和幅度都较相近，这使投资者并没有多少跨市套利的机会。所以投资者在设置止损方案时可以这样做：在盘整的时候，要适当缩小止损比例；在单边行情中，则可以将比例适当放大。

最后，要设置突发止损。我们知道，在国际市场上，交易最频繁的时间是北京时间夜间。这时，若出现比较大的突发事件对市场造成冲击，就可能使银价的波动幅度大增。第二天，就可能出现大幅跳空开盘。因此，对于那些持仓隔夜的投资者，尤其要注意设置突发止损。

以上是白银期货投资的一些相关注意事项和技巧。投资市场机会虽无限，但属于每一个投资者的机会毕竟有限，所以投资者一定要珍惜和谨慎对待每一次机会，在具体操作过程中，应结合上述事项，不断总结，使自己的判断和预测逐渐趋于完善。

**3. 白银期货资金管理**

白银期货的总投资额不宜过多，不要超过全部资产的二分之一，控制在30%左右是比较适宜的，具体数额可根据投资者对风险的承受能力而定。投资者一定要谨记一点，投入市场的资金一定不要超过总资产的50%，以免后期遇到困难时无力补足保证金。

亏损金额也要有所控制，不宜超过全部资本的十分之一。在投资之前，投资者要想好交易量以及在哪一个点位设置止损指令，还要想好一旦投资失败，自己能承受的损失的底限是多少。想清楚这一切后，投资者可以据此调整自己的止损比例。

一般的投资者可能对市场行情缺少精准的预判，但无须担心，只需记住一点：如果行情没有明显的波动，就要采取短线操作。通常国内银价以外盘走势为向导，外盘全天二十四小时均可交易，但国内却没有夜盘，因此不建议投资者持仓过夜，以免风险增大。如果一定要持仓过夜，隔夜仓位也不应超过保证金的三分之一，以免爆仓带来惨重损失。

## ▷ 盘感训练很重要

提到白银期货，不能不说到“盘感”。经验丰富、技术高超的投资者在看盘分析K线等技术指标时会有所感悟和启发，这种感悟和启发就是我们所说的“盘感”。有了盘感，可以减少操作失误，甚至能使投资者大赚一笔。

盘感是一种技术，并非投资者的主观感觉，实际上，它是理性的，它的背后是有许多统计数据支持的。这种技术不是每一位投资者都有的，但它可以通过后天的训练而得来。

投资者想要获得盘感，首先必须大量看盘，不断积累经验，来训练和强化自己的盘感。这时，不建议投资者实际操作，因盈亏之间可能会对投资者的心态和感觉产生影响。投资者可以综合自己所能找到的相关资料，结合历史行情，试着进行判断。初期的准确率当然不会很高，但也不要沮丧，盘感训练贵在坚持。长此以往，投资者必定能对下一波市场行情有所感觉。

具体说来，投资者初期需要注意以下几个方面：

### 一、盘面语言

开盘价和收盘价都很重要，据此投资者要学会对白银全天价格走势做出总结，面对当天的多空较量，要有自己的观点和看法。

### 二、盘面时间段

盘面共有美盘、欧盘、亚盘三个时间段。它们之间的关系，既是彼此独立的，又是统一的。长期关注，投资者就会发现这三者之间的走势规律。

### 三、趋势

趋势又分为有趋势和无趋势，或单边、盘整。在此，单边上涨和单边下跌我们无需多言，重点介绍一下盘整。盘整又分为上涨中的盘整、下跌中的盘整、高档盘整和低档盘整。

#### 1. 上涨中的盘整

上涨中的盘整是指期价经过一段上涨后，暂时停顿，而后期价再次上行的情况。上涨中的盘整通常以楔形、旗形整理形态出现。

#### 2. 下跌中的盘整

下跌中的盘整是期价在经过一段下跌后，略微有所反弹，而后再次下行的情况。这时因之前的下跌受到利空的冲击，期价会在空房短暂休息后小幅度回升。此时，若空房再度发起攻势，期价便会下跌。

#### 3. 高档盘整

高档盘整是指期价上涨一段时间后，暂时停滞，价位出现盘旋波动的情况。

### 4. 低档盘整

低档盘整是经过一段下跌后，期价开始在底部盘旋。

## 四、对当天的交易要有正确的认知

（1）判断价格的原有趋势是否发生变化。这可通过查看关键价位，如黄金分割位、通道支撑位、均线、成交密集区价位以及多空重要争夺位等是否有效突破来判断。

（2）明确当日盘面的特点。价格形成突破、高开、平开、低开以及增减仓的部位，都是投资者需要重点关注的。

（3）了解当日盘中的趋势和动态，观察它是如何波动的。

（4）风险评估。投资者要对自有持仓进行风险评估，从大趋势看，自有持仓究竟是顺势还是逆势；从阶段性考虑，自有持仓是顺势或逆势。对此，投资者都要做到心中有数。

打好基础后，投资者就要学习如何抓住操作信号了。一般而言，不进行盘感训练的投资者，是很难抓住操作信号的，即便经过盘感训练，投资者也不可能将每一次操作信号都抓住。但我们既然选择了投资市场，选择了期货白银，就要静下心来，耐心学习，这样才能减少操作失误，获得更多收益。

什么是操作信号呢？可以说任何事情都不是无缘无故发生的。市场行情在变化之前，一定会有细枝末节的体现，这就是最值得投资者关注的操作信号。一旦错过，投资者也就错过了一次生财的机会。

但在学习阶段，仍不建议投资者实际操作，要耐住性子认真训练。最多一个月，投资者对市场行情的感觉就会越来越灵敏。

抓住信号之后，最重要的不是操作，不是实战，而是先区分信号的真假。相形之下，这就更是一门技术了，需要投资者进行长期的揣摩和钻研。

做好上述几点后，为便于实际操作，投资者应建立一个交易模型，将止盈点、止损点、仓位点等都包含在内。但要注意的是，这三点会因不同的行情而有所区别。投资者也应区别对待，不可一概而论。

接下来就可以进入真正的实战了。在这一阶段，往往有一些投资者觉得自己已经具备了一定的盘感而自视甚高，这样往往容易出问题。建议投资者仍要谨慎操作，最好先进行小规模的实战练习，只操作一两个模型。

随着练习的深入和增多，投资者的模型数量也可以逐渐增加。这时操盘水平也会随之提高，操作起来时常会感觉很爽。与此同时，面对更多的交易机会，投资者需要明确的是，增加的仅仅是交易机会，真实交易却未必增加。因为投资者等来的有时是假信号，即便等到了真信号，也可能会发生均线、指标不配合的情况。类似的情况，自然是不符合标准的。然而投资者的经验、技能乃至心理却会在此阶段得以丰富，或者说得到磨炼。

这时投资者的盘感训练也进入了最后阶段，模型已经开发得差不多了，可以真刀真枪地通过操作在投资市场搏击风浪，为自己累积财富了。

## ▷ 现货白银这样炒

现货白银是一种利用资金杠杆原理进行的合约式买卖，又被称为“伦敦银”或“国际现货白银”。投资者可以在交易完成后的1～2个工作日完成交割手续，也可以选择到期平仓来赚取差价利润。

现货白银操作简单，一台电脑，一根网线，足不出户，便可赚钱。又因为它时间灵活，是24小时交易，非常方便，因而受到很多投资者的青睐。其实，现货白银的优势还不止于此。

**1. 现货白银的投资优势**

（1）在通货膨胀的时代，人们存在银行里的财产时常面临缩水的可能。相比纸币，白银无疑可以保值，是人们对抗通货膨胀最好的避险工具。相对股票和期货市场的变幻莫测，现货白银市场显得更加稳定和平和，可令投资者更安心。此外，股票市场容易受人为因素影响，乃至被一些人操纵，但现货白银市场则不会出现这种情况。因为它具有全球性，价格全世界一致。这一切使现货白银市场更为公正、公平。

（2）在股票市场中，只能买涨。一旦出现下跌行情，投资者就会亏损。此外，股票操作起来更为繁琐，投资者往往要在成千上万只股票中选股，对很多人而言，这是一件颇费脑筋的事情。相形之下，现货白银完全没有这样的烦恼，因为它是单一品种，是双向买卖，无论买涨，还是买跌，获利的可能性都有50%，加之操作手法灵活多样，投资者获利的几率更高。现货白银操作起来也相对简单，很适合一些初入投资市场的人。

（3）期货白银的投资者需缴纳一定的保证金，实际交易过程中，则可根据杠杆原理，将金额放大数倍，以达到以小博大的效果。现货白银市场上波动性较小，投资者面临的风险会降低。

此外，鉴于杠杆比率的特性，投资者可以借贷资金参与交易。市场上提供给投资者的杠杆比率达到1:100或更高。这就无形中降低了现货白银市场的门槛，即使投资者手中没有大笔资金，也可以大赚一笔。

**2. 现货白银要找准平台**

2014年，随着诸多“黑平台”被曝光，很多打算加入现货白银市场的投资者在惊讶之余，不由望而却步。其实，只要找到一个靠谱的平台，投资者大可不必担心。

做现货白银投资，首要的也是最重要的一步是找准一个正规、可靠的平台，否则所有的技巧及策略都是空谈。那么如何选好投资平台呢？在具体操作中，投资者可以参考以下几点。

（1）资质很重要。选择一个平台之前，投资者要看其是否有批文。例如，天津贵金属交易所是有省级政府的批文的，上海黄金交易所则有国务院批文。这些交易平台实力雄厚，投资者可以放心投资。

（2）建议投资者最好不要选择位于县级市的、小的投资平台。因为城市规模越小，相应地投资平台的实力也就越有限。在管理上，也不如北京、上海、广州、深圳等大城市的交易所规范。而且一些小的交易平台容易被人为操控。目前，国内有很多白银订货回购系统是公司自行研发的，安全系数不高，存在隐患。而选择大的、正规的平台，无疑能使交易更稳定，为投资获益打好基础。

（3）正规交易平台的交易系统都是经过认证且封闭的，在没有得到授权的情况下，任何第三方系统都不能介入。投资者在选择一个平台时，可以先对其交易软件进行考量。具体做法是，先登录该平台官网，通过对模拟盘的操作，看它的交易软件是否正规。如果存在人为操控价格或者不公开透明的现象，基本可以断定这是个不正规的交易平台。投资者就要警惕了。

**3. 现货白银操作技巧**

（1）对初入现货白银市场的投资者而言，每日多总结反思，将决定交易记录的因素记录下来很重要。此外，还要多参考别人的意见，借鉴别人的经验。长此以往，投资者对市场行情的分析能力就会提高。

（2）在现货白银市场，止损很重要，止盈同样重要。投资者要记住这样一条通则：亏损部位要尽快终止，获利部位能持有多久就放多久。

（3）当行情不利于己时，往往有些投资者因内心焦虑，开立反向新仓位，企图扭转颓势。实际上，这种做法是不可取的。在现货白银投资中，切忌有急于求成的心态。

（4）现货白银投资并不难，但当投资者缺少操作技巧，又没有较理性的投资心态时，就尤其要审慎了。这时，投资者最好选择较为稳妥的方式，不要采用风险过高近乎赌博式的方式，否则很可能给你带来巨大损失。

（5）对初入这一市场的投资者，建议先进行模拟交易。说到这一点，其实有很多投资者不能正确对待模拟交易，不能全心投入其中，这就使投资者很难掌握其中的技巧和规律，也失去了模拟交易的意义。

（6）投资市场千变万化，有些时候现货白银市场价格变动较频繁，充满了不确定性，即便是专家，也难以预测。例如纽约刚开盘的时候。面对这种情况，缺少足够经验和把握的投资者最好不要轻易进入，可以等规律和方向大致形成的时候再进入。

**4. 现货白银市场的仓位管理**

任何投资产品都有风险，现货白银也如此。想在这一市场以小博大，获取最大利益，首先要学会控制风险。而仓位管理无疑是风险控制中最重要的一环。

仓位管理是指在投资过程中，投资者按照一定的比例和方法分配自己的仓位和资金。仓位控制的好坏是决定投资盈亏的关键因素。下面就为大家讲讲如何有效地进行仓位管理。对于不同的仓位，管理方法也是不一样的。

对于漏斗形仓位，出事进场资金适宜保持在10%左右，数额不应太大。如果发现行情朝反方向运行，可逐步加仓，加仓的比例不宜一下太大，最好能有一个循序渐进的过程，这样成本就不会很高。

采取这种方法，可以为投资者降低初始风险。此外，如果后市没有发生爆仓，漏斗越大，则盈利就会越大。但这种方法也并非全然没有弊端。若方向一直错下去，投资者便无法在后市获利，并且仓位可能越来越重，最终导致爆仓。

对于矩形仓位，投资者的进场资金大约占总资金20%左右最佳。[①] 进场后，若发现行情朝反方向发展，可逐渐加仓，加仓比例也不宜太高，最好有一个固定比值，这样投资的成本就不会太高。采取这种方式，可以使风险和资金被平均化。若后市不做错，便能赚到较为可观的收益。弊端是成本被过快抬高，陷入被动，若方向一直反向变动，持仓量就会逐步增大，最终发生爆仓。

对于金字塔形仓位，投资者的入场资金要比较大，一旦行情不利，则不再加仓。若行情方向一致，可逐步加仓，但加仓的比例应逐步减小。这种方式的优点是显而易见的，若赶上单边行情，且做对了方向，便能大赚一笔。弊端是初始风险过大，可能会在震荡行情中过早出局。

由此可见，矩形和漏斗形更适合资金较少的投资者。而金字塔形仓位管理需要投入的资金较多，虽然初始阶段有一定风险，但与它可能带来的巨额收益相比，便微不足道了。因此，这一仓位管理可以成为大中型投资者的选择。

---

① 李志尚．现货白银投资指南［M］．广州：广东经济出版社有限公司，2013.

中国加入世界贸易组织之后，国内金融市场逐步开放。白银交易在中国作为一个出现时间不长的行业，发展前景为很多专家所看好。在不久的将来，现货白银也将成为民众最青睐的投资品种之一。这时学习更多相关知识，无疑有利于投资者资产的保值和增值。

## ▷ 现货白银投资十条建议

近年来，白银市场形势良好，作为白银投资产品之一的现货白银受到很多投资者的青睐。无论是初入现货白银市场的投资者，还是已经具备一些经验的投资者，了解一些相关建议或技巧都是必要的，这无形中可能会使自己在投资市场上少走不少弯路。

（1）对初入现货市场的人来说，学会画通道线、分割线、浪型线等各种线是非常重要的。在实际操作中，这些线可以帮助投资者观察和分析出阻力位和支撑位。但画线是理性的，并非随意划，就可据此进行交易决策。对投资者而言，画线要画出轨迹，想要对市场行情有一个理性的认知，还要结合形态组合图形。

（2）现货白银市场中五分之二的时间是处于休整震荡中，五分之三的时间是处于上涨或下跌中。其中修理震荡的时间段通常信号比较模糊。在此期间内，如果投资者对市场行情看不太懂，没有把握，最好不要盲目操作，要静待时机。

（3）对于经验不足的投资者来说，反复操练、不断总结经验很重要。即使是那些投资高手，他们的经验、技术及相关的能力也是从无到有，通过不断总结和验证得来的。

（4）我们虽然投资的是现货白银，但想获得更多收益，所关注的层面就要不止于此。白天的时候，可以看看美元的走势；下午欧股开盘后，可以看看欧股的走势；到晚上美股开盘的时候，可以看看美股的走势。此外，国际原油的走势也是不得不参考的一个方面。如此，投资者的思路就能更开阔，思维也会更理性。另外，炒白银的时候，也可以看看黄金。二者都是贵金属，有相关联的一面。在大多数时间里，这些关联性的波动是会遵照常规的，只有极个别时候发生反常情况。在反常情况出现时，投资者最好的选择是减少操作，或者停止操作。

（5）怎样才能将大风险化小呢？最好的方法莫过于按照技术信号操作。这里所说的信号包括趋势延伸时的中继平台、扭转趋势的起动信号和变盘区域等，投资者应据此设置止盈位和止损位。面对一张图形，投资者要能够分析出它的盈利空间有多大以及买卖信号的所在。这张图会包含很多方面的信息，投资者一定要会辨识。

（6）无论是做波段行情，还是做趋势行情和周期行情，一定要先看大周期再看小周期的图形。此外，还要关注市场环境在区间内的重大事项。但是，大周期行情趋势也可能被小周期图形逐步破坏。

（7）投资者在具体操作中，要有计划，有原则，这样便不至于忙乱。一旦出现震荡、横盘或变盘区域要格外小心，最好将持有的短线单卖出或减持，以免带来损失。此外，如果当天连续两单都失手，就应反思一下自己的操作思路了。在这种情况下，建议当天不再操作。即使只有一单失手，面对接下来的一单时，也要保持谨慎。

（8）现货白银市场上常发生这种情况：投资者小赚几笔后，会忽然大赔一笔，于是“一夜回到解放前”。为防止这种局面出现，投资者要使自己的收益和风险保持平衡，设置符合自己实际情况和承受能力的止损位。一旦亏损金额接近自己的底线，就要立即止损。

（9）对于白银现货投资者来说，市场机会很多，几乎每天都有几波可交易的行情。但我们不能奢求将每一次机会都把握住，对于千变万化的市场行情而言这是不现实的。操作之前，投资者一定要做好充分准备，避免发生不必要的错误。此外，还要注意减少盲目性的追单行为。

（10）在投资市场上，可以说绝大多数人都不是专家，这就使他们很难获取相关信息。对于现货白银而言，大资金流向怎样？机构持仓情况如何？这些都是投资者操作时需要参考的很重要的因素。为此，投资者可以关注白银ETF，它每天都会更新财务信息，正可以为投资者所用。

“一生二，二生三，三生万物”，由此可见，“一”乃万物之源。对于投资者来说，想要获取巨额收益，一定要记住：安全第一，保本第一。

## ▷ 白银股，谁最货真价实

目前在国际市场上，贵金属市场形势良好，前景也为人所看好。金、银等贵金属之所以受到人们的欢迎，是因为它们所特有的“保值”特性，可以为投资者带来一定的安全感。目前市场上，这两种贵金属的投资品也越来越多。就白银而言，除了纸白银、白银T+D、现货白银和白银期货外，还有白银股票。诸多投资产品的出现为投资者提供了更多的选择空间。其中，白银股票是这一小节中我们要为大家着重介绍的。

经历2013年的一轮市场下跌行情后，很多专家预言：2014年将成为白银价格的转折点。受银价上升影响，银币、银元等银制品的价格也水涨船高，生产白银的上市公司的股价也开始风生水起，节节攀升。到2014年7月份，白银市场的行情似乎已或多或少地证明了这一结论。

据此，分析师指出：“白银价格的上涨对于白银开采和冶炼企业是次利好。”分析师还指出，原先白银在金属冶炼企业皆以伴生品而存在，因此，当银价处于较低位时，白银生产对公司业绩的贡献力量非常弱。但是当银价创下历史新高时，对上市公司而言，白银的地位和影响力将会有所提升。这是因为早在几年前，黄金价格上涨带动黄金概念股整体上扬的案例早已深入人心，而白银价格上涨对于白银概念股的推动，则是近期才被股票投资者所获悉，投资者还需要一段时间来理解和接受，才会更大力度地进入白银股市场。这也是2011年1月至3月间白银价格上涨但白银概念股表现平平的原因。

黄金、白银等贵金属或稀有材料类概念股的走势，主要是指这些商品未来的价格走势预期。如果预期价格走强，那么投资者会继续跟进，股价也会跟着上涨。

白银投资及白银概念股已经进入人们的视野。白银概念股对于投资者来说，在未来未必不是一种很好的投资品类。

就目前来看，在豫光金铅集团有限责任公司（以下简称“豫光金铅”）、荣华实业有限公司（以下简称“荣华实业”）、西部矿业集团有限责任公司（以下简称“西部矿业”）、江西铜业股份有限公司（以下简称“江西铜业”）和驰宏锌锗股份有限公司（以下简称“驰宏锌锗”）等几家上市公司中，白银产量最大的白银概念股企业是豫光金铅。根据河南豫光金铅股份有限公司2013年年度报告披露，2013年其白银产量为700.5 吨，比2012年同期增长13.46%。

豫光金铅作为全国最大的白银生产企业， 于2002年7月在上海证券交易所上市。其主营业务为有色金属及贵金属冶炼、金银制品生产与销售、商品及技术进出口等，是世界最大的铅冶炼企业、中国最大的白银生产企业。

豫光金铅前期发展虽然不是很快，但就营业能力而言，整体上还是呈稳步增强的态势。为降低开发成本，它将再生铅定为未来发展的主要项目。同时，它还建成了项目回收工程，大力回收废旧蓄电池。

原料回收业务是大势所趋。按照豫光金铅的布局，在理想状态下，它能够达到原料大部分自给自足的状态，届时原料开支将大幅缩减，公司利润会有明显增长。

此外，该公司收购操作频繁。2010年11月28日，该公司投资5.1亿元拥有了甘肃宝徽51%的股权，要知道甘肃宝徽拥有200余万吨的铅锌金属量。2010年12月，该公司与澳大利亚KBL公司正式签署认股协议和合营协议，约定以0.25澳元的价格认购KBL公司2 072万股股票，认购后该公司持有15%的KBL公司股份，并以500万澳元获得了KBL在西澳库纳纳拉地区SORBY HILLS 铅银锌矿山项目四分之一的权益。该矿短期是否有大量精矿产出是未知数，但长期收益被看好。

并购重组后，该公司逐步进入了矿山领域，加大了原料回收投资力度，使原料自给率得到提高，生产成本得以下降。自2010年小幅度盈利起，豫光金铅走势向好，盈利空间较公司成立之初有了显著提高。

2011年以后，豫光金铅对白银产业链进行延伸，进入到白银制品等下游加工企业，竞争实力大大增强，目前仍旧保持行业领先地位。

另外，作为豫光金铅第二大股东的中国黄金集团，在黄金、白银价格下跌的情况下，没有出手减持，从这个角度也能看出，其对豫光金铅的前景是看好的。2014年，豫光金铅仍为很多专家看好。铅与白银产品已经以可观的利润回报成为公司的主力盈利产业。

江西铜业和西部矿业的白银产量比起豫光金铅来说较为逊色。这两家企业的白银产量偏低，白银业务对企业总利润的贡献度也不大。近年来，江西铜业屡屡被爆出不利消息。2012年的大股东减持、2013年深陷“污染门”等事件，都为其股价走势蒙上了层层阴云。

2014年，西部矿业陷入“PE腐败”的泥沼。其前董事长毛小兵涉嫌违纪违规被调查，牵扯出西部矿业在A股上市时的“灰色利益链”。这一惊人消息在资本市场引起“地震”，让人们也为西部矿业的后续走势捏了一把冷汗。

驰宏锌锗的白银产量相比豫光金铅、江西铜业和西部矿业来讲，要小很多，其2010年的白银产量仅为134.70吨。但是它胜在毛利率高，仅2009年，驰宏锌锗白银产品银锭的毛利率就高达45.14%。[①]这是其他三家公司远远无法比拟的。而且它还于2010 年6月28 日，完成了白银在伦敦金银市场协会的注册认证工作。

与其他同行业公司相比，驰宏锌锗还拥有强大的研发优势。截止2011年12月31日，公司拥有32项专利，且有42件“驰宏锌锗”商标获得国家商标局批准。2013年11月，驰宏锌锗还投资36亿元，启动了新项目——会泽6万吨/年粗铅、10万吨/年电锌及渣综合利用工程。[②]新项目的投产，无疑会让资本市场看到驰宏锌锗

---

① 王依玲，薛蓓. 黄金白银概念股，追涨也要留心眼［N］. 扬子晚报. 2011-03-28.

② 驰宏锌锗投资36亿元新项目前景可期. 中国选矿技术网. 2013-11-8.

的强大资源拥有量，也让人们纷纷看好其前景。

分析师指出，相比其他公司，驰宏锌锗的银锭业务的盈利能力更强。随着白银价格上涨，驰宏锌锗的业绩也有了很显著的提高。

除了这几家上市公司之外，另一匹黑马也不得不提，即荣华实业。

在诸多白银股中，荣华实业的股价上涨具有一定戏剧性。该集团于1998年注册成立，原是一家以农产品加工为主的企业，但是通过合并重组，它摇身一变成为A股市场上有色金属版块的“新贵”。在其股价上涨时，黄金依然是其收入的主要来源。但是受其白银业务即将开展的消息以及预计毛利收入占比达公司总收入35%~45%，每股增厚收益在0.13 元至0.18元左右的情况影响，其2010年下半年的股价也上涨了90%以上。[①] 荣华实业受市场热捧的原因与白银业务在其总业务中的占比以及毛利率预期有关。有专家预言，未来荣华实业有可能摇身一变成为A股市场上的白银龙头企业。

2014年6月6日融资融券信息显示，荣华实业融资余额为94 490 694元，融资买入额为1 478 468元[②]。2014年6月9日，荣华实业股价再次上涨。

无论投资哪只白银股，都建议投资者在投资该股时，除了关注白银价格变动及白银在公司的影响力之外，应花更多的精力关注该

① 艾经纬. 银价创31年新高后如何投资，是买银条还是买股票［N］. 第一财经日报. 2011-03-26.
② 荣华实业融资融券信息. 东方财富网. 2014-06-07.

公司未来项目的发展情况，分析其盈利预期。就目前情形看，豫光金铅的投资前景还是向好的。其余几家上市公司，如江西铜业和驰宏锌锗等老牌白银生产企业，受其他主力业务的支撑，发展势头平稳；而荣华实业则更像白银概念股里的黑马，有着无限的可能性。同时，这些企业除白银外，大多还经营其他稀有贵金属产品。受通货膨胀预期增大的影响，人们的避险情绪将进一步加剧，这类股票依旧有上涨空间。

在白银投资市场上，面对五花八门的投资产品，投资者究竟该如何抉择呢？除了上述提到的几支潜力股，建议投资者可以重点从两方面来关注白银股：一是白银价格未来的涨幅，二是公司的盈利能力预期。选择任何一种白银股票都应遵循上述原则。

# 第六章

## 白银投资实战宝典

## ▷ 银价过山车，是逃顶还是抄底

从整体上看，2009年到2014年6年间，银价有涨有跌。值得一提的是，2009年至2011年4月间，国际白银价格一路上涨，从6美元/盎司上涨到近50美元/盎司的高位。2013年，白银价格累积跌幅为36%，如此大的年度跌幅，令很多投资者苦不堪言。然而，白银投资市场就是这样变幻莫测。

惶恐的情绪在白银投资市场蔓延，白银从被人追捧的“投资明星”变成了投资者手中“烫手的山芋”。2014年成了很多投资者热切期待的一年，因为很多专家预言，2014年将是白银价格的转折点。对此，很多投资者陷入踌躇，2014年到底该抄底进入，还是该逃顶套现呢?

多方观点认为，白银投资市场潜力巨大。[①] 就经济形势来讲，全球经济复苏将带来工业发展，引发通货彭胀，届时白银投资避险情绪高涨，白银工业需求增加，白银价格会上涨；如果经济持续走

---

① 宋鸿兵．货币战争［M］．北京：中信出版社．2007.

弱，美元失去内在价值支撑，白银价格同样会上涨。此外，从白银的储藏量日益减少、工业需求日益增大来看，白银价格具有较大的上涨空间。

空方观点则认为，2009年至2011年，白银价格上涨过快，且价格上涨的主要推动力是人们的投资需求，而非白银的工业需求，投机气氛浓厚。白银价格虽然经历了一次下跌行情，但并不足以释放压力，加上金融巨鳄索罗斯大量抛售手中的白银产品，市场恐慌气氛浓厚，白银市场在接下来的两年里将进入漫长的熊市，建议投资者持币观望。

两方论点势均力敌，各有道理，这更让普通投资者看得云里雾里，白银价格的未来走势到底如何呢?

**1. 长期来看，白银价格上涨空间大**

我们知道，通常情况下，引发白银价格上涨的很重要的因素是投资需求的拉动以及世界经济形势，尤其是美国经济形势的影响。一旦美元贬值，很多人手中的财富就会缩水，造成国际资本投资避险需求增加。此时，股票、房产、基金等传统投资品也会随着经济危机进入漫漫“熊途”。这种情况下，国际热钱会迅速增加，大宗商品尤其是贵金属白银就进入投资者的视野，其价格便会一路高涨。所以说，乱世买黄金（白银），还是很有道理的。

如此一来，很多白银投资者可能会寄希望于国际经济混乱。当然，这种想法是不够理智的。国际经济形势是决定白银价格的因素，但并不是唯一的决定性因素。

从目前国际经济形势来看，很难说美元在短时间内会急剧贬值，但可以肯定的是，影响美元贬值的因素依旧而且将长期存在。因为美元贬值主要是由美国高垒的债务引发的。2006年美国的总债务为48万亿美元，到2008年，美国的债务高达57万亿美元，债务增加了9万亿美元，而国家GDP仅仅增加了1.2万亿美元，由原来的13万亿美元增加到14.2万亿美元，也就是说美国的债务增长是GDP增长的8倍多。2013年和2014年，美国的债务情况仍然不容乐观，甚至一度掀起风波。截止2013年10月，美国债务总规模已经增长到16.7万亿美元，相当于美国全年国内生产总值。①

就美国目前的经济状况来说，偿还债务颇有些困难。曾有经济学家说，美国的债务会像雪球一样越滚越多。为了解决债务危机，美国势必要通过货币量化宽松政策，即通过印钞票的方式来稀释债务。这样的货币政策必然会使人们对美元的含金量产生质疑，导致美元持续贬值。随着作为国际货币的美元的贬值，其替代品贵金属的价格只会越来越高，白银亦是如此。

其次，从白银的工业需求来看，在医学、生活等工业中，白银依旧是不可替代的产品，且随着人口增长，需求量会越来越大。随着太阳能、电子等新兴产业的兴起，白银作为其主要且不可替代的工业材料，虽然说近几年需求增量不明显，但是从长期来看，需求量将会持续增加。而白银的存储量又有限，当白银市场出现供不应求时，白银的价格自然会根据市场规律出现上涨。

再次，国内的投资市场需求依然旺盛。虽说因白银市场波动，

① 美国债务风波牵动中国神经［N］．海口晚报．2013-10-17.

人们对白银投资的热情减退，但人们的投资需求并没有减少，相反还有所增加。近几年，国家公布的CPI数据虽然没有持续走高，人们却明显感觉到日常生活中的物价提高很多，油价、菜价、水果、饮料、日常用品涨幅靠前，这增加了人们的生活成本，无形中缩减了人们持有的财富。存入银行跑不赢CPI，放在手里更是等着贬值，只有投资市场才有实现财富保值的可能。这也是为什么最近几年投资市场如此火热，很多投资产品一进入投资市场就被人们疯狂追逐的原因。

从影响白银价格的几个基本因素来看，支撑白银价格上涨的因素依然存在。

**2. 从中短期看，白银市场扑朔迷离**

许多专家认为，有些时候，白银价格会出现过快上涨，远远超出白银本身的价值。这主要是由投资需求的增加以及投机者的操作推高的。但也有很多专家并不赞同这样的观点。

其实，到底什么才是白银的合理价位？白银价格与黄金价格的比值到底是多少？没有人说得清楚。就像黄金涨到800美元/盎司的时候，许多专家说黄金风险太高，要跌。结果黄金一路高歌，涨到1 600美元/盎司以上。所以，对于基本无法再生的贵金属来说，以普通商品的价值来估量它的价值有时是不妥当的。

目前，受白银前期过快增长而后暴跌的阴影影响，投资者看空情绪浓厚，但受到白银投资需求及未来价值看好的因素影响，投资者中的看多力量也不容小觑。因此从中短期来看，白银价格估计依旧会呈震荡调整的趋势。

综上所述，白银投资未来预期良好，中短期局势不明朗，建议投资者进行白银长期投资操作。不过提醒白银投资者，如果打算做长期投资，建议采用实物白银和纸白银两种投资方式，可少量持有白银T+D合约。因为白银T+D不适合普通投资者做长期投资，长期投资过程中，市场千变万化，一旦出现白银价格下跌，投资者有可能面临资金不够而被强制平仓的风险。

或许有些投资者要问，为什么不等这波震荡过去了再入手呢？相信问这个问题的投资者一定是担心白银价格在短期内会下跌，自己不能在最低点买入太可惜。这是普通投资者普遍持有的心理：买涨不买跌。

就像2008年房价下降时，许多人观望，结果错过了那波行情，至今还听人悔不当初地说："当时这个地段的房价只有5 000元/平方米啊，而且还送阳台，送装修，现在都涨成8 000元/平方米。当时看到房价下跌，就想等等看吧。结果，哎，当时买了就好了！转手就可以获得几十万元的收入，太可惜了！"

相形之下，投资大鳄们的思维似乎永远与普通大众相反，就像股神巴菲特所说，他从不试图找最低点，只考察它的价值是否被低估，它是否具有成长性。

所以，投资者如果看好白银的长期投资价值，建议现在就入手白银，机遇稍纵即逝，这世上还没有人聪明到能只凭技术就知道什么时候才是最低点。

## ▷ 白银投资的波浪理论详解

波浪理论又被称为艾略特波段理论，由美国证券分析师艾略特发明。在某种程度上，这一理论揭示了银价波动的秘密。很多市场研究都证实了这一点：银价的波动过程中，每一个高价都会是后一波的垫底价，在空头市况下，每一个底价都会是后一波的天价。银价的波动形成一个波浪形态，这些形态出现的时间间隔和幅度大小有所不同，但是长期以来市场走势会不断重复一种模式，即每个周期会出现八个波段。

波浪理论更适用于白银中长期投资操作，其作用是判断中长期白银投资品价格的波动趋势。假如投资者能够自如地运用波段理论，再结合整体市场分析，则可比较准确地把握银价的波动大趋势，建议可进行中长线投资，跟着市场大趋势进行做空或者做多操作，而不必围绕着银价的小浮波动进行短线操作。这样既节省时间、精力，又能规避判断失误的风险，还可跟随大势发展进行操作获利。

波浪理论认为，不管是多头市场，还是空头市场，每个完整循环都会有八个波段（如下图所示）。在多头市场情况下，前五个波段整体看涨，后三个则整体看跌；而前五个波段中，第一、三、五三个波段，为上升趋势，第二、四波段则是明显看跌的趋势；而每个循环的八个波段组成的完整波段，又是更长时间里的小波段，在这个大循环中，前五个波段构成一个大循环的看涨第一波段，而后三个波段构成大循环的看跌的第二个波段，整个大循环也由八个波段组成。

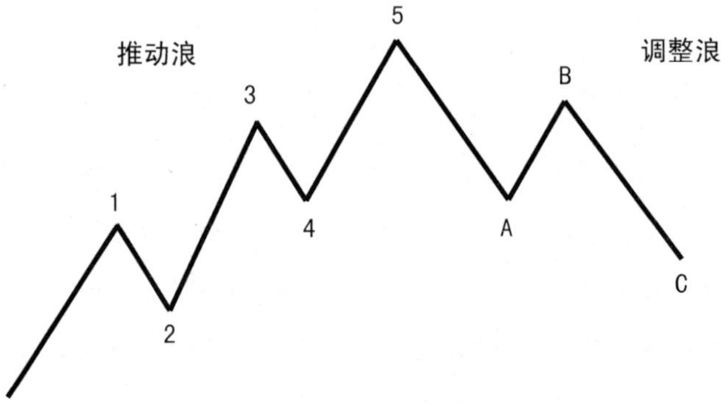


波浪理论

在空头市场情况下，上涨、下跌波动情形相反，前五个波段是看跌行情，后三个则呈现看涨行情。前五个波段中，又是第一、三、五波段看跌，第二、四波段反弹整理，看涨行情的三段中，则第六、八波段看涨，第七波段回跌整理。整个循环依然是一上一下的八个波段。在空头市场，一个循环也构成一个大循环的第一、二个波段，大循环也由八个波段组成。

长期验证表明，波浪理论的大趋势是正确的，是白银投资者判断价格趋势重要且有效的手段，但很多投资者甚至是专家都很难自如地运用波段理论。

首先，专家或者投资者很难判定一个浪是否完成，而另一个浪是否已经开始。所以常听专家争执，一人说这是第一浪，而另一个人则说这是第二浪。能否正确数浪，是利用波浪理论投资最重要的一个环节，同时也是最难的一个环节，如果这个环节出了问题，而投资者又去依靠结论进行投资，则有可能失之毫厘，谬以千里。

其次，波浪是否完成、何时完成很难准确判断。这个理论本身并没有研究出一个参考值，告诉投资者下跌到某个位置，有可能是止损位。所以投资者在运用这个理论时，要结合其他指数以及当时的市场行情来把握。

通过对实际操作中波浪理论的两个难点的分析，我们不难发现，判断波浪最重要的两个点是：波浪的形态是否已完整；波浪的间隔时间到底是多久。

除了通过不断的研究和累积经验外，投资者还可以根据波浪理论的基本规则和其他增补规则来进行判断。

首先，多年的白银价格研究走势显示，第三浪通常是最具有爆发性的一浪，它往往是最长的那个浪。而第四浪的底部不会低于第一个浪的顶部。

其次，在交替过程中，第二个浪的形态一般比较简单，而第四个浪则会表现为整体小跌的行情。这个规则为增补规则，非基本规则，并非所有浪的形态都呈现这种状态，所以仅供参考。

接下来我们再根据八个浪的不同特征，来分析一下如何划分上升五浪和下跌三浪。

第 1 浪：第1浪是一波轮回行情的开始，这时投资者并未意识到上涨行情来临，多空方市场对峙明显，买方意愿并不强烈，因此其涨幅小而且时间短，往往为5浪上涨波段中最短的那一条波浪。

第2浪：第2浪为下跌浪，市场认为熊市还未结束，市场悲观情绪浓厚，下跌幅度大，基本是吃掉第一浪带来的涨幅。当第2浪的跌幅达到第1浪的底部时，市场就会出现惜售心态，大家抛售的行为会慢慢终止，第2浪宣告结束。因此第2浪常常出现转向形态：头底、双底等。

第3浪：经过第2浪的抛售和回调，看空者已经基本退出市场，市场看多情绪浓厚，投资者信心恢复，市场成交量大幅度上升，上涨趋势明显，而且上涨时间长。因此，第三浪呈现出价格大幅度长时间拉升而后小幅度回调的趋势。

第4浪：经过第3浪的大幅度拉升，投资品价格上涨区间压缩，投资者抛售获利情绪浓厚。第4浪是价格大幅度提升后的调整浪，这一时刻多空方力量相当，出现反复拉升、压低的形态，因此第4浪的形态通常比较复杂。但是因为市场总体行情看好，因此第4浪的底部一般不会低于第1浪的顶部。

第5浪：第5浪的涨势通常小于第 3 浪，但大于第1浪，且常常出现拉起失败的情况，此时市场情绪表现相对乐观。

第 A 浪：A浪是大行情逆转的第一个浪，这时由于部分看多人群对未来趋势预测依旧乐观，多空方市场的力量悬殊还不是那么大，所以表现为下跌速度缓慢，并有整理上扬的趋势，常呈现出“之”字形态运行。

第 B 浪：B浪则表现为投资者持仓观望，交易量小。在这个时候如果出现一波上涨行情，则最容易让投资者误认为A浪价格下跌后，释放了压力，将迎来多头市场。所以，其形态表现为上涨速度快而下跌速度也快的窄型形态。

第 C 浪：C浪是一段破坏力较强的下跌浪，因为下跌行情已经相当明显，所以市场上悲观情绪浓厚，下跌趋势强劲，下跌幅度大，下跌的持续时间长，呈现出几乎是直线下跌的形态。

波浪理论是白银投资者进行中长期投资时，判断市场走势的重要工具，但是因为其操作难度大，需要投资者花很长的时间和更多的精力进行研究。

## ▷ 白银投资常用技术指标解析大全

除了分析影响白银价格的市场因素外，投资者还可通过一些专业的技术指标和软件进行具体的投资分析操作。

不过，在使用这些技术指标前，投资者首先要明白，技术指标专业软件只能辅助我们进行分析，不能成为我们进行白银投资操作的主要工具。无论何种指标，都应该建立在我们对市场整体趋势的分析上。

**1. 布林线**

布林线是专业白银投资者经常使用的技术指标之一，在20世纪70年代由著名的证券分析师布林格发明。它是一种路径指标，白银价格通常在上限和下限的区间之内波动。它能勾画出白银价格运行的轨迹，对短期、中长期的行情发展具有比较准确的预告作用。

布林线实际上由上轨、中轨、下轨三个渠道构成，所以也称为布林带。布林带的宽度是不确定的，会随着白银价格行情的变化而自动调整位置。这种变异性使布林线更能顺应趋势，预测也更具准确性。

布林线有个明显的特征，即银价的布林线一旦形成，白银价格就会围绕中轨进行上下波动，波动范围一般在上轨和下轨之间。

银价常在上轨和中轨之间、下轨和中轨之间、上轨线外、下轨线外四个区域运行。当银价在上轨和中轨间移动时，预示着银价多方力量占据优势，银价走强。当银价在这个区域运行时，如果银价接近上轨，则说明银价已经上升到一定高度，投资者可在这个位置卖出止赢，但银价接近中轨时，则说明银价已经下降到一定的低位，投资者可在这个位置建仓或者加仓。当银价放量跌破中轨时，则预示着上涨行情基本结束，接下来银价将进入疲软阶段，这个点位就是非常好的止损点位。

当银价在下轨和中轨间运行时，说明银价相对疲软，看空情绪浓厚。在此情况下，当银价反弹到中轨时，是一个很好的卖出机会，这时卖出可以很好地规避接下来银价下跌的风险，如果接近下轨，银价将有可能反弹，是一个很好的买入机会。

当银价跌破了布林线的下轨线时，预示着银价进入了一个历史低点，将有可能出现反弹；当银价上涨超过布林线的上轨线时，则说明银价涨势过猛，有可能逆势回调。

当布林线逐渐收窄时，预示着多空双方意见已经达成统一，行情将有所转变，至于具体是出现上涨行情，还是下跌行情，取决于银价到底是处于高位还是低位。如果银价处于高位，则下跌的概率大；如果处于低位，则上涨的概率大。

布林线因具备多种市场研判功能，所发出的卖出、买入信号明确，使用起来又比较方便，因此受到许多专业投资者的喜爱。同时，它还是国际金融市场上重要的也是最常用的技术指标之一。

**2. RSI指数**

白银投资市场中，多方和空方的力量的变化将影响银价价格的走势。而RSI指数就是针对多方和空方的力量对比进行研究的，即RSI指数存在的意义就是研究市场未来是走强还是疲软。

RSI指数变动范围设置在0～100。我们可以这样简单地理解RSI指标，它是通过数字计算得出多空方的力量对比。举一个简单的例子，对于同一件商品，如果10个人中超过5个人有购买意向，一番哄抬之下，价格必然攀升。反之，若有一半以上的人争相卖出，商品价格势必会下降。

（1）RSI指数的直观判断结论。

RSI强弱指标值一般分布在20～80。通过指数的变化，可对市场进行直观的判断。当RSI指数在80～100，则表示市场已经走入极强行情，多方力量强势进入，已经抬升银价，投资者可逢高卖出。指数在50～80，则说明多方势力正在不断进入白银投资市场，投资市场走强，是买入持仓的好时间。如果在20～50，说明白银市场进入多空对峙的市场，投资者持币观望。当指数在0～20时，说明市场看空情绪浓厚，但经过一段时间的抛售，白银已经下跌至一个低点，投资者可逢低买入。

（2）RSI指数的四种不同的用途。

①一旦达到顶点为30及低点70，通常可以看作超卖及超买信号。

②当市况创下新高或者新低， 但RSI指数却未处于新高，说明银价走高，而人们看空情绪却浓厚，通常表明市场将出现反转，银

价将下跌。反之亦然。

③RSI指数能显示支撑位及阻力位。甚至有些时候，相比价格图，RSI指数更能清晰反应支撑及阻力。

④它是市场转变风向标。当 RSI 突破前高点或低点时，白银价格可能会有所突变。

（3）RSI指数的优缺点。

RSI指数能够一目了然地呈现出超买和超卖时机，这是其最大的优点。但是由于RSI指数只是对市场趋势的一个大致的判断，因此也存在着许多的缺点。

首先，当白银市场发生单边上涨或下跌行情时，RSI指数在高档或低档时会有钝化现象，有可能会导致投资者过早卖出或买进。而且RSI指数的背离信号通常是事后验证，事前很难看出，RSI指数与银价的“背离”走势常常会发生滞后现象。

其次，RSI指数只有在30或70这样特殊的高位、低位时，才有极强的卖出或买入信号，其在40～60的点位时，并没有什么实际的指导意义，没有准确的买入和卖出信号，因此RSI指数一定要配合其他的指标一并分析才有效。它更多的时候只是作为辅助工具，辅助其他指数进行银价走势分析。

**3. MACD指标**

MACD指标又被称为指数平滑异同移动平均线指标，由杰拉德·阿佩尔（Gerald Appel）提出。它与移动平均线的判断原理基本一致，但是更简单方便。当MACD从负数转为正数，则为买入信号；当MACD从正数转向负数，则为卖出信号。当MACD以大角度变化，表示快的移动平均线和慢的移动平均线的差距非常迅速地拉开，表明白银市场趋势将有一次大的转变。至于投资市场是走强还是走弱，则可借助它的另一个工具判断，一般情况下MACD还有一个辅助指标——柱状线（BAR）。通常柱状线低于0轴以下是绿色，代表现在处于空方市场，可能迎来下跌行情，高于0轴以上是红色，代表现在处于多方市场，可能迎来一波上涨行情。

投资者还可根据MACD指标图中的DIF、DEA与0轴的关系，进行具体的市场分析。DIF是指收盘价短期、长期指数平滑移动平均线间的差。DEA是指DIF线的M日指数平滑移动平均线。

当DIF和DEA处于0轴以上时，说明市场看涨气氛浓厚，如果这时DIF线自下而上穿越DEA线，是买入信号；如果此时DEA线被DIF线自上而下穿越，两线值还处于0轴以上运行，则只能视为一次短暂的回落，投资者可综合其他因素确认是进行买入还是卖出操作。当DIF和DEA处于0轴以下时，表明市场看跌情绪浓厚，此时如果DEA线被DIF线自上而下穿越，则是卖出信号；如果DEA线被DIF线自下而上穿越，则只能视为一次反弹，且是短暂性的，这时投资者是否应买入，还需要借助其他指标进行综合分析。

以上是白银投资中几种常用的技术指标，初入市场的投资者要学会并合理运用，可能需要更多时间。经验丰富后，投资者可将这几种指标综合应用，以便更好地指导自己在白银投资市场中博弈。

## ▷ 关注K线，找准入场时机

选择入场时机将对白银投资收益有很大的影响。白银投资市场发展时间较短，投资者可以运用投资学上的普适技术形态对其进行分析。接下来就向大家介绍一些常用的技术形态，并教大家如何运用这些技术形态把握白银的短线入场时机。

**1. “十字星”形态**

所谓“十字星”形态，是指收盘价和开盘价在同一价位或者相近，没有实体或实体极其微小的特殊的K线形式（如下图所示）。“十字星”形态出现，意味着市场进入多空博弈的焦灼阶段，市场趋势有可能迎来一次转折。接下来的行情到底是涨还是跌主要看“十字星”形态所处的位置，如果“十字星”形态出现在上涨高价区，则为“黄昏之星”，意味着白银价格有可能进入下跌行情；如果“十字星”形态出现在下跌低价区，则为“希望之星”，意味着白银价格可能止跌，进入一波上涨行情。

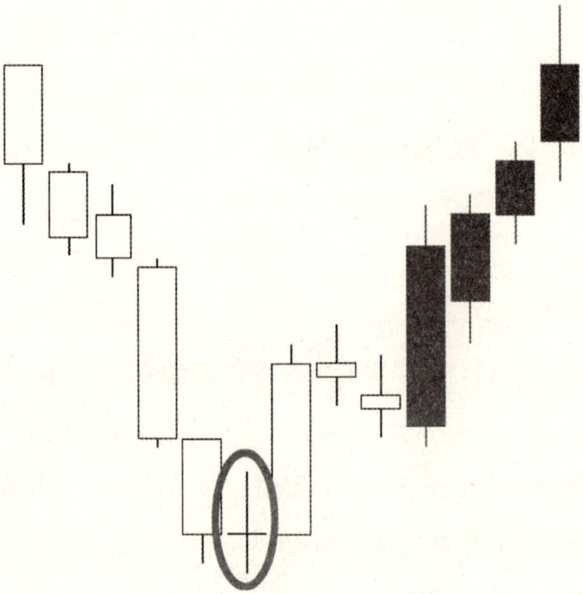

“十字星”形态

**2. “三角形”形态**

当市场从单边上涨或单边下跌的行情中进入震荡整理阶段，这时震荡趋势会越走越宽，也有可能越走越窄，当震荡越走越小时，会出现三角形形态，而后银价一般将结束整理，选择新的单边走势。从中我们可以看出，银价走入“三角形”尖端时表示整理走势结束。根据变动方式不同，三角形又可分为下降三角形、上升三角形与正三角形三种（如下图所示）。

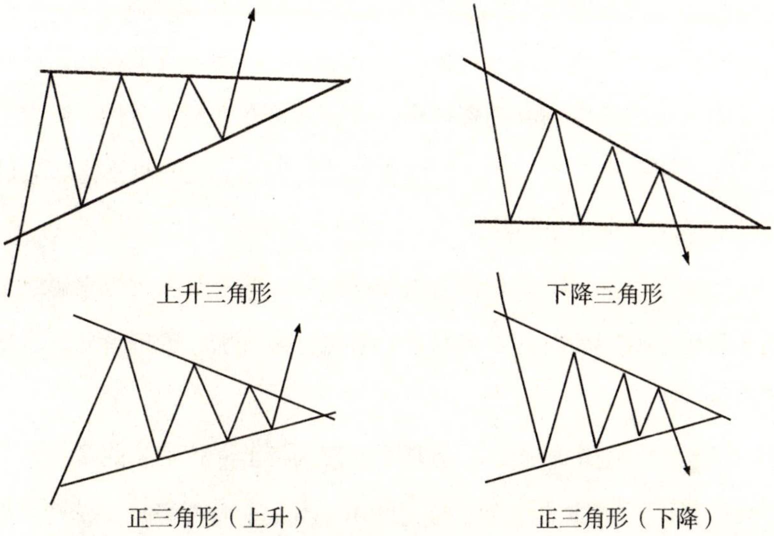


**"三角形"形态**

下降三角形：下降三角形的形成是由于空方不断加大卖出力度，银价在博弈中震荡走低，当整理完成后，银价最终会选择走低方向。

上升二角形：与下降三角形刚好相反，它是由于白银价格在震荡中多方力量不断买入，震荡中推高银价，在整理完成后，价格高于波动前，完成整理后，白银价格将走入一波上涨行情，买入获利机会大。

正三角形：正三角形又被称为敏感三角形，不易判断未来走势，其停止震动后的最新方向不易确定。根据未来的走势，正三角形又可分为正下降三角形和正上升三角形。

**3. "空中加油"形态**

"空中加油"形态是指白银价格上涨到高位之后，主力获利出售白银产品，价格出现一定幅度的下跌，这时场外资金或之前获利的主力认为白银依旧有投资操作价值，于是在整理平台后，高位进入，拉升银价的一种行为。“空中加油”形态只是一种形态，它的实际意义是发现主力的异动。

“空中加油”形态是主力入场的信号，此时受主力因素影响行情会持续上涨一段时间。但对于是否能持续上涨，投资者要注意把握市场基本面。

其实，“空中加油”形态是否能够维持上涨行情，除了技术分析外，还要看整体的盘面情况。另外，当基本面利好时，投资者依旧要保持理性，注意止盈，因为空中加油投机成分过高，无法预测主力何时退场，所以投资者获利后，要尽快离场，不可贪婪。

**4. “红三兵”形态**

“红三兵”形态是指白银日线图上连续出现三根阳线，依次上升形成的形态（如下图所示）。“红三兵”又称“三红兵”，它的出现一般预示市场看多情绪浓厚，后市看涨，是个明显的入场信号。如果“红三兵”形态出现在银价下降趋势中，则意味着白银市场将出现强烈反转，进入上升渠道；如果银价在较长时间内横盘整理后出现“红三兵”形态，并出现成交量逐步放大的情况，则预示着银价即将迎来一波上涨行情。

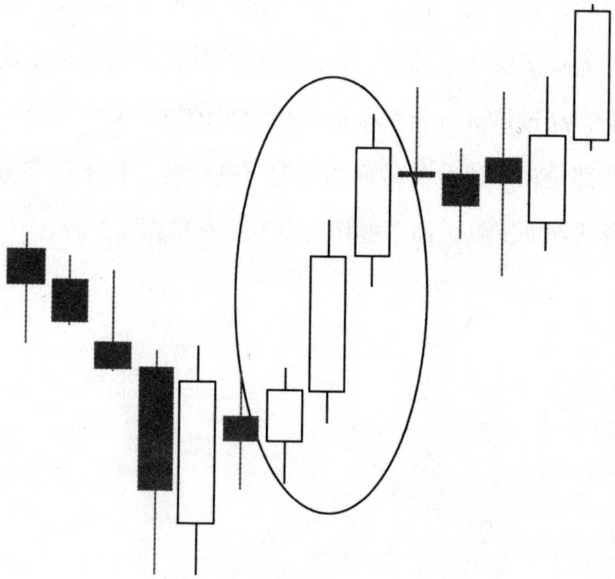

**“红三兵”形态**

但是，根据“红三兵”形态出现的情况不同，其后期预期也有所不同：如果“红三兵”形态出现在长期盘整形态的后期，且处于近期相对低价的区域，则预示着行情将脱离盘整行情。如果此时成交量放大，则将走出一段持续上涨的行情。如果“红三兵”形态出现在一段紧接着上涨行情的盘整后，在成交量增加的配合下，则会走出一段新的上涨行情。如果“红三兵”形态出现在一段上涨行情的后期，且处于高价区域，则该形态不能作为判定后市看好的技术形态。

“十字星”形态、“三角形”形态、“空中加油”形态、“红三兵”形态是K线图中常见的四种技术形态，对投资者判断未来走势有一定的指导意义。但是，投资者依靠这些技术形态进行投资判断时，首先要把握一个前提，即这些技术分析判断是在了解基础面的情况下，经过认真分析基础面后所做出的投资操作判断。任何的技术判断都是在不违背基础面的情况下进行的，技术形态分析只能作为投资的辅助工具，而不能作为基本判断依据。

## ▷ 找准支撑位和阻力位

投资者想在白银投资中获利，一定要学会找准阻力位和支撑位。找准支撑位，有助于投资者在低价位买进；判明阻力位，可使投资者在高价位卖出。支撑位和阻力位的重要性，由此可见一斑。

那么，究竟何为支撑位？何为阻力位呢？支撑位是指在某一时间段内，卖方力量小于买方力量，从而使白银价格下跌的形势被阻止，银价开始上涨。与之相反的则是阻力位，具体是指当银价达到某一价位时，能够有足够多的供给，从而阻止白银价格的持续走高，甚至使银价开始下跌。其实，在白银投资市场上，无论银价停留在哪一价位，都会有供给和需求，但只有支撑位代表买方力量的突然、大量涌现，只有阻力位代表供给忽然集中。

很多投资者都知道，白银价格走势图所反映出来的正是多空双方力量的对比，当空方力量占据上风时，白银价格走势图是向下降的；反过来，当多方力量强盛时，白银价格走势图是向上走的。明白这些基本的概念后，我们接下来了解一下什么样的区域容易成为阻力位和支撑位。

如果当天开盘后，白银价格开始下滑，投资者就要警惕了。因为此前竞价的时候在开盘处积累了很多卖盘，所以在银价反弹回到这里时，往往会有阻力。

如果白银当日的开盘价比前收盘的价格低，通常多空双方经过一晚的较量和思索后，对前收盘会达成共识，以至于在当日开盘时，有一些投资者在竞价交易中会参考和依据前收盘价格。这时如果白银开盘价格很低，则表示卖出的意愿很强烈，当白银价格发生反弹时，往往会遇到两个障碍：一是靠近前收盘时，早上的卖盘会对多头形成阻碍；二是随时面临着被新抛盘打击。在这种情形下，银价在上升过程中自然会遇到阻力。

投资者之所以要想方设法判明阻力区，目的很简单：希望能够卖在最高点或者是次高点。通常为了增加成交的机会，投资者会选择在最接近阻力区的时候卖出，或是在银价开始回落到接近次高点时卖出。对于经验并不丰富的投资者来说，以上几个点位并不容易把握，因此在心理作用下，有些整数大关往往会成为阻力。

有卖盘大量积压的地方往往会形成前高点，白银价格也会在此处遇到阻力，当回落后的银价再次回升的时候，在与前高点接近的地方，会有很多空头力量参与进来，使多头力量开始谨慎起来。这时，白银走势图上会出现M头形态，并且在大部分时间段，左边的高点会比右边的高点低。

**1. 寻找阻力位**

阻力位的计算方法，涉及最低价、前期高点和最低点三个关键数字，以下是详细的公式，供投资者学习和参考。

阻力位=最低价+［（前期高点-最低点）×0.109］

阻力位=最低价+［（前期高点-最低点）×0.25］

阻力位=最低价+［（前期高点-最低点）×0.375］

阻力位=最低价+［（前期高点-最低点）×0.5］

阻力位=最低价+［（前期高点-最低点）×0.625］

阻力位=最低价+［（前期高点-最低点）×0.75］

阻力位=最低价+［（前期高点-最低点）×0.875］

一般来说，在白银投资中，空头一方力量强大，多头一方力量薄弱的地方，会很自然形成阻力位。但是，在实际操作中，投资者的预期往往并不泾渭分明，甚至可能趋向一致，给阻力位的判断带去不便。不过，根据投资经验，比较常见的阻力位有四种：

（1）当白银的开盘价低于前日收盘价，在白银价格向上攀升的过程中，可能会遇到阻力。

（2）当白银价格已经达到一些整数大关时，往往会遇到价格上升的阻力。

（3）当天开盘后，如果白银价格走低，大量投资者在开盘价处卖出，在银价反弹回去的时候，可能会遇到阻力。

（4）当白银价格在高点回落后再次回升时，若接近前一个高点，则可能会遇到阻力。

**2. 寻找支撑位**

支撑位的计算方法，与阻力位的计算方法正好相反。

支撑位=最低价-［（前期高点-最低点）×0.109］

支撑位=最低价-［（前期高点-最低点）×0.25］

支撑位=最低价-［（前期高点-最低点）×0.375］

支撑位=最低价-［（前期高点-最低点）×0.5］

支撑位=最低价-［（前期高点-最低点）×0.625］

支撑位=最低价-［（前期高点-最低点）×0.75］

按照通俗的说法，白银价格无法继续下跌的地方即为支撑位。比较常见的支撑位有四种：

（1）当日开盘后，若白银价格走高，那么当价格开始回落时，一旦回落到开盘的价位，因为积累了大量的买盘，支撑的力道往往会很强。

（2）通常，当银价从一个很高的点位回落时，在前收盘处，支撑力较强。

（3）在心理作用下，前低点常常会成为支撑位。

（4）阻力比较大的地方是前次高点，若此处被越过，因为积累了大量的买盘，当价格再度产生回落时，通常会遇到支撑。

在白银投资中，寻找支撑位和阻力位的方法有很多，通过均线、技术分析关键点位等一些方式都可以寻找到。

投资者在通过重要的均线寻找支撑位和阻力位时，可以让一条或者多条均线同前期的地点和高点相吻合，如此一来，K线系统就会从均线系统中得到支撑位或者阻力位。

想找到阻力位和支撑位，还可以参考波浪理论，据此计算出每个浪型的结构和大小，就可以明确阻力位和支撑位。

利用趋势线系统的方式相对要困难一些，前提是投资者要仔细查看整个波段的行情趋势，并能够将趋势线划出。

阻力位与支撑位还可以通过以前的行情判断出来。根据道琼斯理论，投资者也可以用近期最高点减去最低点，通常它的二分之一、三分之一、三分之二处都是很可能会产生阻力位和支撑位的地方。

除上述提到的几种方法，投资者也可以将均线、波浪理论以及趋势线结合在一起。对趋势线、波浪理论以及均线的计算结果形成的矩阵解集做概率统计，此过程非常复杂，但它所得出的结论也是最精确的。这一方法比较适合经验、技术特别丰富的投资者。

其实，阻力位和支撑位是可以相互转换的，所以白银投资者一定要掌握二者转换的规律：一旦一个有效的阻力位被突破，它就可能变成支撑位；反过来讲，当一个支撑位被有效突破后，它就会变成阻力位。了解了这一层，投资者还要明确，当白银价格到达支撑位或者阻力位附近时，阻力位和支撑位能否被多方突破。这些有助于投资者更好地判断买卖时机。

## ▷ 白银投资十条守则

俗话说“无规矩不成方圆”，做任何事情都要遵循一定的规则或规律。白银投资同样如此，投资者想要在其中获利，就要遵循一定的规则。

1．当投资者对市场行情无法进行明确的分析，感觉走势不够明朗时，最好不要盲目入市。俗话说“不打无把握的仗”，这时投资者若贸然入场交易，很可能会由于判断失误而给自己带来亏损。

2．从某种程度上说，白银与股票区别不大，建议投资者要“买涨不买跌”。因为在一波上升行情中，投资者无论买在哪一点，只要不在价格上升到顶点的时候买入，就不会出错，但在一波下跌行情中，投资者无论买在哪一点，只要没有在价格下降到最低点时买入，便是买错了。由此可见，在价格上升时买入远比在价格下跌时买入盈利的机会大。

3．在白银价格波动幅度偏小、买家和卖家不相上下、市场暂时保持一种平衡状态时，投资者可选择建立头寸。这种局面被称为盘局。此时无论银价是上升还是下跌，当盘局一终止，银价就会呈现出突破式上涨或下跌。对投资者而言，这是最佳时机，应立即入市建立头寸。如果在此之前，买家和卖家长期处于势均力敌的状态，市场已经维持了很长一段时间的平衡，当盘局被突破时，投资者获利的几率就会更高。

4. 投资者在买入时，可遵循“金字塔”加码原则，即在第一次买入白银后，随着银价不断上升，还有获利的空间，投资者可逐渐加码，但每次加码都要比上一次少一些。之所以这样做，是因为随着行情的不断攀升，价格已经越来越接近顶峰，风险也越来越大，而采取这种做法会更为稳妥。

5. 有些投资者会在投资过程中出现这样一种心态：明明已经获利，却不平盘，还在抱着侥幸的心理等待。究其原因，往往是这些人在建立头寸之后，就给自己立下一个一定要赚到多少钱的目标，当这一目标已经接近时，综合当时的行情走势，投资者本应平盘获利，但就因为与自己的目标、最初的期待还差几个点，他们选择了继续等待。不想这一等不仅没等来更好的价位，反而错过了最佳时机。世间之事，难有十全十美。做白银投资也是如此，应切忌一开始在心中拟定一个整数点，而后盲目地追寻下去。

6. 在白银投资市场上，并非投资者听到的所有消息都是真实的，有时可能是谣传。对此，很多投资者可能缺少辨识，而较为稳妥的做法是，一旦听到好消息，马上买入，在消息得到证实后再适时卖出；一旦听到坏消息，马上卖出，在消息得到证实后，再适时买回来。在这一点上，投资者的反应一定不能慢，否则很可能由于消息面或行情的变动而给自己带来损失。

7. 投资者要学会静待时机。有些投资者以为操作越频繁，获利的机会越多。其实，这是一种错误的认知，因为投资是一件不能急于求成的事。有时候，投资者的最佳选择是不操作，要静下心来，不要盲目地追涨杀跌。这说起来容易，但真要让一些投资者做到“不操作”并不是一件简单的事情，尤其是在银价波幅比较大的时候。面对这种情况，投资者一定要保持头脑冷静，不要急于操作。

在白银投资中，最不好把握的就是“不操作”。当然，这里所说的“不操作”，并非让投资者放弃所有操作，而是要戒骄戒躁，耐心等待，综合以往的经验，静待最佳时机出现。一旦银价达到自己的期望值就马上获利了结。

8. 要懂得分散投资，采取长线和中短线相结合的方式。正如“鸡蛋不适宜都放在一个篮子里”，这种多种投资模式相结合的方式最大的优势就是可以分散风险。在具体操作过程中，投资者可以以一部分资金做长线，在低位买进后，长期持有，再拿出一部分资金做短线。

9. 不设重仓。有些投资者喜欢重仓操作，以为这样才能使自己的效益实现最大化。实际上，这种操作方法并非百利而无一害，它也是有一定弊端的。在具体操作过程中，若投资者买入后，由于操作不慎而被套牢，损失将会非常大。除了风险大增外，投资者在持有过程中，心理上也会有不小的压力，这种压力和情绪上的波动很可能会影响到投资者对行情的预判。因此，建议投资者不要设重仓。

10. 通常投资者在买入或卖出后，会发现市场转变了方向，正在朝着反方向急进，这时一些投资者便会想到加码。其实，这种做法是欠缺稳妥的。举一个简单的例子：投资者在银价持续上涨时追高买进，这时，行情忽然反转，银价大幅度下滑，投资者不想亏损，便在低价位加码买进，以为这样可以将之前的一单抵回来，在行情反弹时一并平仓，以此摆脱亏损的命运。然而，当银价持续上涨时，你并不能保证你买的不是“顶”，如果银价大幅下滑，你还在连续加码，不断买进，却一直没有等到银价上涨，无疑会给自己带来亏损。

## ▷ 把控思维和情绪

1929年美国股市大崩盘后，格雷厄姆说："无法控制情绪的投资者是不会从任何投资中获利的。"[①] 身为股神巴菲特的导师，格雷厄姆深知情绪在投资市场中的重要性。

情绪才是财富的主宰。投资者若不能控制自己的情绪，其投资行为便会理性不足，甚至显得冲动，最终被市场的浪头所吞噬。成熟的投资者不会为情绪所主导和感染，会始终保持头脑冷静。如果你是一个不够理性的投资者，或者你初入投资市场，一定要学会控制情绪，以便做出正确的判断和操作，使自己的收益更大。

正如身体可以锻炼一样，情绪也是可以锻炼的。首先，投资者应该在投资之前制订好投资计划，内容要尽可能详尽，包括买卖的时机、数目、价格以及止盈和止损位的设置。这样便可以在具体的操作中，尽量排除情绪的干扰。

很多时候，投资者之所以会被自身情绪所主导，是因为投资

---

① 约翰.高博瑞．1929年大崩盘．经济新潮出版社，2009-07-23

知识欠缺，无法做出理性的判断，主观的“想当然”占了上风。对此，投资者应该多读一些投资方面的书报，加强学习，尝试着分析市场和预判行情。这时投资者要注意了，所有的分析和判断虽然不求完全准确，但都要建立在有理、有据可依的基础上。

此外，让自己的内心充满正能量很重要。在白银投资市场，积极的心态比基础的投资知识和投资技巧更重要。想在变幻莫测的市场上不断获益，须遵循以下几项准则。

（1）平常心很重要。俗话说“胜败乃兵家常事”，白银投资市场同样如此，没有人会一直失败，也没有人能次次获利，投资者大可不必患得患失。尤其是现货白银，每天有数次交易机会，只要保持心境平和，不愁不能获利。

道理人人都懂，但在实际操作中，仍有很多投资者难以做到这一点，他们常被一两次的成败冲昏头脑，影响到后续的操作。保持平常心，确实是一项颇为艰难的事情。学会保持一颗平常心，更不可能一蹴而就，这需要投资者要立足长远，有足够的耐心。

（2）及时收手。投资市场变幻莫测，无论输赢，都是寻常之事。然而输赢之中也有门道。有人曾专门对很多亏损的人做过一项调查，调查结果显示，这些人中有很多人赚钱的次数比亏损的次数要多。这不仅令人费解：既然如此，又何来亏损呢？答案很简单，他们赚的是小钱，亏的却是大钱。只要发生一次大的亏损，之前的获利便会被抵消。

之所以会出现这样的状况，是因为很多投资者不懂及时收手，总以为局面会马上好转，或者出于一种“不甘”的心理，以至于越亏越多。对投资者而言，真正可怕的不是操作失误，而是一再拖延，不懂得及时收手。容易犯这样的错误的投资者一定要引以为戒。

（3）运用逆向思维。在现货投资中，投资者通常会采取逆市交易。此方式有这样一种弊病：投资者买入投资品后，白银市价会继续走低，在卖出后，则会继续上涨。此方式虽然使投资者常被套牢，却仍为很多投资者所采用。

较常规的方式是顺势交易，即我们常说的“追涨杀跌”，实际上银价很难预测，这种思维很容易使投资者在投资市场上陷入被动。剑走偏锋使获胜的可能性更大，逆市交易亦是同样的道理。

逆市交易遵循不抄底、不逃顶的原则。由此，投资者不必预想一个底部，在自己认为价格最低时买入，也不必预想一个顶部，在高位卖出。我们知道，一旦预想的底部或顶部与实际情况有较大偏差，便会导致操作失败，给投资者带来损失。逆市思维很好地规避了这一风险。

在具体投资操作中，投资者也不妨采用逆市交易，在银价下跌很多时买入，此时，银价可能会继续下跌，投资者则继续买入。反之，若银价上涨了很多，投资者可及时卖出，即便此后由于种种原因，银价继续攀升，但这种价格超出价值的泡沫终究会破灭无存，进而迎来银价大幅度回落，而在回落之前，投资者已经平仓。

其实，以上种种，真正做起来并不难。因为，复杂的不是投资，而是人性。若投资者能很好地把控自己的情绪，以平常心态面对变幻莫测、波澜起伏的投资市场，一定会从中获益。

# 第七章

# 白银投资制胜关键

## ▷ 止损很重要

一直以来，白银投资界流传着一条“鳄鱼法则”：假如你不小心被鳄鱼咬住了脚，你会怎么办呢？若伸出手竭力挣扎，必然会使手脚都被鳄鱼咬住。你挣扎得越久，受到的伤害就越大。所以，此时最明智的做法是牺牲一只脚。

这条法则也适用于白银投资市场。投资者一旦发现自己的交易与市场方向背道而驰，就要马上止损，不能有丝毫的犹豫，或者抱持侥幸心理。否则很可能使自己损失惨重、追悔莫及。

“止损”的重要性，由此可见一斑。在本书的其他章节中，我们也曾多次提到止损。那么究竟什么是止损呢？止损是指一旦投资产品的亏损达到预定数额，为免于更大的损失，及时斩仓出局的行为。止损又被称为“割肉”，它可以使投资者避免因一次不当的操作而“血本”无归。

事实上，几乎所有白银投资者都明白止损的重要性，但在实际操作中，却很少有人能够严格执行。究其原因，这些执行力差的投资者几乎普遍存有一种侥幸心理，总以为情势会有所好转，心里想着“再等等”“再看看”，以至于错过了止损的最佳时机。除了心理因素外，银价的波动也是投资者举棋不定的一个重要因素。即便再有经验的投资者也不可能每次都判断无误，一些投资者在经过一两次错误的止损后，越发对下次的止损操作产生了怀疑和动摇。这些都是情理之中的。止损之所以被称为“割肉”，就是因为这种操作行为本身就是一件异常痛苦的事情，但投资者一定要把控好自己，克服人性中的弱点和贪欲，这样就有可能在投资市场最终获利。

下面介绍几种白银期货的止损策略。

**1. 支撑位或压力位止损法**

在白银期货投资中，这是一种较为常见的止损方法，适用范围也很广，包括短线、波段、日内以及中长线等交易。想使用这一方法，首先要找出支撑位以及压力位。

需求集中的区域便是支撑位。这里需求强劲，有潜在的买进力道汇集。此区域可以阻止价格继续下跌。与此同时，该区域的价格也显得很低，由此，买方大力买进，卖方不愿轻易卖出，一时形成供小于求的局面。

何为压力位呢？它指的是供给集中之处，价格达到该处时，卖方大量涌现。在此供大于求的情况下，形势越发有利于买方，使得价格一时无法进一步上扬。

无论是分时图还是K线，都有压力支撑。对此，投资者都应有所了解。昨日收盘价、结算价、最高价、最低价、今日开盘价、盘中高低点等是分时图上的压力支撑；密集成交区、价格形态、前期高低点、趋势线等是K线上的压力支撑。

利用支撑位或压力位止损的方法可以使止损位的设置最大限度地紧跟市场波动趋势，但由于使用这一方法的投资者颇多，有时难免会有假突破的情况出现。对此，投资者一定要有所警惕，学会辨识，使自己在全身而退的同时，还能找到重新入市的信号。

**2. 指标止损法**

提到“指标”，一些投资者首先想到的一定是RSI（相对强弱指标）、MACD（指数平滑异同平均线）等软件所提供的某项指标，实际上我们这里所说的指标指的是交易者依据价格、时间、量能而设计的指标。设计完成后，交易者进行买卖操作时便依照这一指标。一旦指标的买卖讯号消失，投资者便会立即停止交易。

指标止损法可以使投资者克服人性弱点，当指标的买卖讯号不存在时，投资者便会说服自己立即止损，不会再在市场上逗留。

指标止损法的运用要求投资者要事先明确自己是以盘中价格作为信号，还是以收盘价格作为信号，要将信号的执行细节确定下来，否则便容易造成在具体操作中不遵循信号、最终形成惨重损失的局面。

**3. 时间止损法**

在日内超短交易中，这一方法经常被用到。何为日内超短模式呢？它是指交易者在某个时期或某个位置为了博取几点、几十点的差价，持仓几秒钟或数分钟的交易模式。

日内超短模式是利用价格在外盘影响、盘中支撑位和压力位的突破与假突破以及突发消息等因素的作用下瞬间大幅移动时，顺势或逆势快进快出来赚取利润的。一旦判断无误，投资者可以霎时间获利；即使判断失误，投资者也不必担心，因为一般不会产生亏损。但这种几乎万无一失的方法并不适合经验不足的投资者，对于那些没有足够时间和精力关注市场的投资者来说也不宜采取这一方式。

要采用这一方式，投资者必须时常关注市场，并拥有敏捷的反应能力，能对市场形势和方向迅速做出评估。如此，才能抓住时机。

**4. 资金额止损法**

白银投资是一种理性行为，为管理好自己的资金，投资者在入市之前就应该想好在输多少点时止损离场。为此，投资者首先要确立一个胜出率高于60%的模式，还要使止损总点数低于盈利总点数，以此确保最终的盈利。

怎样确立这一模式呢？投资者可以通过风险报酬比以及理解市场波动的性质确立，此外，还要对市场行情的趋势种类、趋势方向以及趋势发展时期进行全面的分析。

**5. 密集成交区止损法**

止损需要参考的一个重要因素是密集成交区，因为支撑的底限便是密集成交区的底部，若投资者在此买进并设置止损点，获利空间会很大。部分投资者会在市场向上突破之后的回调买进，且在密集交易区内设置止损点。

**6. 心理止损法**

投资者在每次下单前，都要做到心中有数：自己能承受的最大的亏损是多少？然后据此设置止损点。这种心理止损法很适合经验不是很丰富的投资者，因为他不需要参照任何数据，不需要分析阻力支撑位置，完全依据自身承受力来设置。

在白银投资市场上，无论你经验多么丰富，都不可能只赚不赔，因此，止损很重要。广大投资者一定要有风险防范意识，在开始一笔交易之前，一定要先设定好止损点。

## ▷ 不可不知的六大均线

均线，即移动平均线。它是以道琼斯的“平均成本概念”为理论基础，并将统计学中的“移动平均”原理融入其中，对白银投资者有很好的指导作用，尤其是其中的六大均线，更是投资者应该着重掌握的。

**1. 5日均线**

5日均线又被称为攻击线。攻击线所起到的作用不容小觑，在短期内，它可以使得价格形成攻击态势，是价格上涨和下跌的引导者。若是攻击线上涨态势坚挺，并未有疲软弯曲状态出现，就说明价格短线具有极强的爆发力。反之，则说明价格短线不具备强大的爆发力。此外，当价格开始下跌时，最重要的杀跌武器便是攻击线，若是攻击线向下的角度陡峭，没有出现疲软弯曲状态，则说明其具有很强的杀跌力度。在实际操作中，一旦攻击线被价格线突破，且攻击线呈现出一种向上的攻击状态，就说明短线行情已经开始，这时候的最佳选择是短线做多。当价格被攻击线击穿，攻击线呈现出一种向下拐头的态势，说明市场正在开展一轮下跌行情或调整，此时投资者应选择短线做空。

**2. 10日均线**

10日均线又被称为操盘线。操盘线还有一种叫法，即“行情线”，它主要可以起到使价格在一轮中级波段行情中持续上涨或持续下跌的作用。当操盘线上涨角度比较有力，则说明价格中期上涨力度很强。反之，则说明上涨力度弱。此外，当价格开始持续下跌时，操盘线可以起到使价格反复跌盘的作用。

在实际操作中，如果操盘线被价格线突破，操盘线呈现出一种不断向上的攻击态势，这说明已经启动波段性中线行情，投资者应短线做多；如果操盘线被价格线击穿，操盘线呈现出一种向下拐头的态势，说明短期内价格不会再上涨，市场正在开展一轮下跌行情或调整，此时投资者应选择中线做空。

**3. 20日均线**

20日均线又被称为辅助线。辅助线可以起到协助操盘线推动和修正价格变化的力度与趋势角度，使价格趋势运行的方向更稳定的作用。此外，辅助线也可以使生命线的反应更迅捷。当投资者发现在一轮波段性上涨行情中，辅助线的上涨角度很大，并且非常陡峭有力，这种态势表明价格中线波段上涨力度特别强；反之，则意味着价格中线波段上涨力度弱。此外，当价格处在下跌时段，辅助线会阻止价格反弹，并使价格下跌的轨道得到修正，最终使价格震荡跌盘。

在实际操作中，一旦辅助线被价格突破，且呈现出一种持续向上的攻击态势，则说明已经启动波段性中线行情，此时，投资者应短线积极做多。同时，当辅助线被价格线击穿，且呈现出向下拐头的态势，说明阶段性中线上涨行情已经宣告结束，市场正在展开一轮下跌行情或阶段性调整或下跌行情，此时，投资者宜中线做空。

**4. 30日均线**

30日均线又被称为生命线。30日均线主要用于体现银价中期运行的趋势。30日均线往往具有很强劲的阻力和支撑作用，尤其是在中期波段性上涨趋势中。若30日均线上涨的角度较为陡峭有力，就意味着价格中期上涨的趋势很强烈，当主力洗盘或者调整到这一位置的时候，可果断狙击。若30日均线上涨的角度偏弱，则说明价格中期上涨趋势薄弱，支撑力疲软。当白银价格进入一轮下跌趋势，30日均线也可以起到抑制价格反弹的作用，促使银价持续走弱。

在一个波段上涨或下跌行情中，30日均线至关重要。投资者在具体操作中，一旦发现30日均线被价格线突破，且30均线呈现出一种拐头向上的攻击态势，说明中线大波段行情已开始，投资者可选择做多。

30日均线在波段行情进行阶段性调整时，通常是不会被击穿的。但当30日均线被银价击穿，30日均线呈现出一种拐头向下的态势，就说明下跌行情已经开始或者较大的调整已经展开，这时最明智的做法是做空。

**5. 60日均线**

60日均线也被称为决策线。它的作用同样不小。决策线可以指明价格的中期反转趋势，并且可以指导价格大波段级别运行于既定的趋势之中。一旦决策线被价格突破，就意味着已经启动了一波级别的反转行情，这时投资者就要做出相应的决策了。

当决策线被价格突破，通常短期内不会有反方向运行出现，这时哪怕是主力有所动作，想使行情反转也要半个月左右乃至更长时间。在实际操作中，没有哪一个主力会不清楚决策线的作用和影响力，在主力机构的操盘计划中，决策线有着不容忽视和代替的重大意义。

由此，一旦决策线被价格突破，且呈现出一种拐头向上的攻击态势，就说明已经形成了中线大趋势多头行情，投资者应选择中线做多。通常决策形成后就不会轻易改变，因而，一旦决策线被价格突破，这一决策性支撑就不会在阶段性调整中被击穿。但当银价向下将决策线击穿时，决策线呈现出一种向下拐头态势，就说明市场正在开展一波下跌行情，投资者应选择中线做空。

**6. 120日均线**

120日均线也被称为趋势线。趋势线所起到的主要作用与决策线相同，它可以表现出银价中长期的反转趋势，并且可以使价格大波段大级别运行于既定的趋势之中。一旦趋势线被价格突破，就表示价格大趋势已经发生反转，投资者应据此做出相应决策。当趋势线被价格突破时，在短期内，一般不会出现反方向运行，此时即便是主力想使行情发生反转，进行诱空或者诱多，也要在十几甚至二十几个交易日之后。

对此六大均线，一般的投资者可能需要一个掌握和学习的过程，所以要有足够的耐心。在投资市场，没有什么事情是可以一蹴而就的。想要在白银投资中获利，先要对自己的头脑有足够的“投资”。

## ▷ 利用好趋势线

趋势线有两种：上升趋势线和下降趋势线。在一波上涨行情中，如果有两个以上的低点的连线，这条连线便被称为上升趋势线；在一轮下跌行情中，如果有两个以上的高点的连线，这条连线便是下降趋势线。通过上升趋势线，投资者可以看到价格上升的支撑位。当银价在波动时跌破上升趋势线，则说明行情可能会朝着反方向运行，由之前的上涨转向下跌。通过下降趋势线，投资者可以看到价格一路下跌时回升的阻力。如果银价在波动过程中突破下降趋势线，说明行情将发生反转，价格有可能由之前的下跌转为上涨。

趋势的重要性不言而喻，也因此成为很多投资者想要把握的目标。然而，在白银现货投资市场上，能真正发现趋势，并使其为己所用的投资者却很少，无论市场行情好坏，处于亏损状态的投资者的比例似乎一样多。当趋势不明朗时，投资者希望趋势来临，盼望这一切能有所改观。但实际情况是，即便趋势形成，很多投资者会觉得对自己的操作没有太多的帮助，似乎自己之前高估了它的价值。之所以出现这样的局面，往往是因为一些白银投资者不能做到正确理解趋势。

投资者首先要明白一点，趋势的组成构件是波动，若想把握好趋势，前提是将无序、无价值的波动抛开，忽略它有可能带来的机会和利润。这对投资者而言并不是一件简单的事情，因为很少有投资者能够对市场价格的波动无动于衷。但此时投资者一定要更稳重、更理智一些，不要太在意价格波动。想把握市场方向，投资者可以利用其他交易工具，并不只有关注价格这一条通道。

**1. 如何利用趋势线**

在现货白银投资过程中，投资者可以这样利用趋势：

（1）要有发现趋势的能力。对于现货白银投资者而言，趋势是最好的朋友，它可以帮助投资者看清形势，更好地掌握大局。若能发现趋势主线，投资者在具体操作过程中就会更加笃定，而不会因一时的波动而难以决断。

（2）支撑位和阻力位很重要。投资者在看图表时，往往会发现一个连线的最低点，通常这个最低点就是支撑位，而最高点往往是阻力位的所在，如果这一最低点和最高点表现出能再现的趋势，投资者就可以在这些点附近发现买卖的最好时机。

通常情况下，支撑位和阻力位附近的这些点是不会被轻易突破的，如果它们被突破，很可能会变成反向障碍。也即在接下来的上涨行情中，之前被突破的阻力位有可能变成支撑位；如果遇到下跌行情，被击穿的支撑位可能会变成阻力位。

（3）学会预判趋势线。趋势线对于投资者有着不容忽视的意义，通过趋势线的突破，投资者能够更好地判断出何时买入、何时卖出。与此同时，投资者还要学会识别趋势线的突破究竟是有效的还是无效的。

专家称，收市价突破趋势线，可以看作入市的信号，因为这时的突破通常都是有效的。如果反压线被市价冲破，但是收市价却没有高出反压线，这说明市场曾经想试高，买盘力量却不济，而卖盘大量涌现，使行情在收市时终于有所回落。对于这种情况下的突破，可以视为非有效突破。

**2. 画趋势线时的注意事项**

（1）根据价格波动时间的不同，趋势线可划分为三类：短期趋势线、中期趋势线和长期趋势线。投资者需要注意的是，时间周期越长，说明趋势线越有效。

（2）趋势线连接的高点或者低点数量少时，说明趋势线的有效性弱；所连接的高点或者低点数量越多，则说明趋势线的有效性越强。

（3）如果趋势线是被暂时突破，则银价的轨迹很可能不会发生改变。

（4）如果趋势线太过陡峭，便很可能被横向整理突破，对投资者而言，这也就没有分析意义了。

**3. 买卖信号：趋势轨道**

（1）一旦银价触及上方的压力线，投资者便可进行操作，及时卖出获利；若银价触及下方的支撑线，投资者便可买进。

（2）在下跌趋势轨道中，一旦下方的支撑线被银价突破，则表示会有新的下跌轨道产生；在上升趋势轨道中，若上方的压力线被银价突破，则表示会有新的上升趋势产生。

（3）若是上升行情，投资者需明确这样一个规律：一波的波谷会高出前一波的波谷，一波的波峰会高出前一波的波峰；若是下跌行情，则情况正相反。

（4）在上升趋势轨道中，一旦银价不能触及上方的压力线，就说明上涨势头已经转弱。

**4. 关于中心趋势线**

在银价趋势线中，有上升趋势线、下跌趋势线、盘整趋势线等，其中有一条很重要的趋势线叫中心趋势线。白银价格常常顺着中心趋势线，呈现出上下对称的波动或上下不对称的波动。这种走势又被称为“X”线，对投资者有着不容忽视的参考意义。

中心趋势线有三种，第一种是上升中心线。银价在上涨过程中，经过一次乃至多次的上扬后，有可能突破上升中心线继续上扬，在此后的上扬过程中，不可避免地会有一次乃至多次回落，此时，中心趋势线便会由压力线转为支撑线，白银价格可能由此发生下跌。在具体的下跌过程中，由于中心趋势线的支撑，银价很可能发生反弹，但最终还是会跌破中心线，此后又开始向中心线靠近，一旦反弹至中心线，在压力的作用下，又会再度下跌。

第二种是下跌中心线。银价围绕下跌中心线波动，当银价走势是由上而下时，中心线便会由支撑线转变为压力线；当银价走势是由下而上时，中心线便会由压力线转变为支撑线。

第三种是水平中心线。银价呈现箱形的上下整理，这时的中心线通常是水平线。银价可能在中心线之下波动，而后突破中心线，开始上扬；也可能在中心线之上波动，然后跌破中心线而下。

在中心趋势线中，根据近期高低点所绘的趋势线的影响力是最小的，根据中期高低点所绘的趋势线的影响力较大，影响力最大的是长期高低点所连接的趋势线。由此，如果银价遇到的是短期趋势线，会发生短期回档；如果是中期趋势线，会有大约10%的回档；如果遇到长期趋势线，则往往会发生一次中期回档整理。

在研究市场可能出现的趋向时，趋势线有着重要的作用。在具体的白银投资过程中，投资者一定要学会善于利用和把握趋势线。

## ▷ 跨市套利，赚取差价

白银跨市套利是指在某个市场买入或者卖出某一交割月份的白银合约的同时，在另一个市场上卖出或者买入白银相应的合约，以期利用两个市场的价差变动来获利。也即在一个市场做多，在另一个市场做空，通过其中的差价来获取利润。

不同的市场，在经济形态和环境上存在差异，因此常常会有同样的商品价格却不同的情况，这就给投资者提供了跨市套利的机会。

在生活中，跨市套利的例子并不少见。例如一件商品在某一市场售价30元，在另一市场售价50元，便会有人以30元的价格买进，然后拿到另一市场以50元的价格卖出，如此便可以获取20元的差价。一旦有越来越多的人从事这样的跨市交易，这两个市场就会逐渐调整自身价格，之前售价30元的商品，可能上涨10元，达到40元；售价50元的产品，可能降低10元，也达到40元。这样两个市场的价格达到均衡状态或者趋于均衡状态，人们跨市套利的机会便不复存在了。

想要进行白银跨市套利，投资者要做好前期的准备工作。首先，要在两种投资品交易所同时开立账户，准备好足够的资金，两边账户的资金比例要一致。然后绘制一个表格，统计出两种投资品的差价，将所得数据记录好，根据分析的结果设置好套利区间，这样就可以操作了。

跨市套利的关键是找出同一商品在不同市场上产生的差价之间的规律，构建出置信区间，也即“估计区间”，一旦差价不在置信区间内，投资者便有获利的机会。

跨市套利在白银T+D和白银期货中都很常见，通常两者间的银价走势是呈正相关的，偶尔受到一些因素的影响，在不同的时间段内，白银T+D和白银期货之间会有一个价格差，并且这个价格差往往是有一定规律的：要么是阶段性扩大，要么是阶段性缩小。之所以会形成这种规律，主要是源于白银期货的特性，其具有价格发现功能。当银价即将发生较大的变动时，在白银期货市场中，中远期的合约便会预先对这种变动有所反映，在一些外界因素比如投机因素的影响下，甚至会出现过度反映，银价便会出现大幅度上涨或者下跌。

相形之下，白银现货所体现的往往是当前的市价。一旦期货合约到交割日期，这两个市场的白银的差价会很小，会呈现出一种比较均衡的状态。由此，在期货合约的交易存续期内，这两个市场的银价会有一个比较大的差距，由此，投资者可以通过统计分析发掘出二者之间所产生的价格差的波动规律，从而进行跨市套利。

按照上述方法，投资者想找到套利时机并不难，在具体的套利过程中，究竟是套多还是套空呢？这要根据白银T+D价格与白银期货主力合约价格来决定，二者相减，会得出一个价差。当预期未来价差会不断扩大时，可进行套多操作。具体的操作方法是：投资者在白银T+D与白银期货主力合约的价格差缩小到一定程度时，将白银T+D卖出，再买入白银期货合约，然后等待时机，一旦发现二者间的价格差扩大到自己的预期，马上反方向平仓。

当预期白银T+D与白银期货主力合约之间的价差在未来某一时间段内会缩小时，投资者可以进行套空操作。当这两种投资品的价差扩大到预期的区间时，投资者可将手中的白银期货合约卖出，然后买进白银T+D。接下来，二者的价格差会逐渐缩小，一旦缩小到预期的区间，便可反方向平仓获利。

以上所提到的跨市套利风险并不大，因为是同品种跨市套利，投资者在具体操作过程中，只要把握好交易方向、下单时间以及交易量，就不会有太大的问题。同时，为防患于未然，投资者要把握好以下两点。

**1. 保证价差与预期相符**

有时会发生这样的情况，投资者预期白银T+D与白银期货主力合约之间的价差会扩大，但市场行情却正相反，二者间的价差缩小了。面对这种价差走势和统计概率相反的情况，投资者可以设置价差止损位，在价差达到某一数值后，立即平仓，以减少损失。

**2. 保证账户有充足的保证金**

若行情产生单边波动，投资者便会在白银T+D中盈利，在白银期货合约中亏损，或者在白银期货合约中盈利，在白银T+D中亏损。在这种情况下，若投资者持仓比例高，产生亏损的账户在保证金不足的情况下，很可能被强制平仓。为避免出现这样的结果，投资者可以及时减少两种投资品的持仓量。

**3. 不要满仓操作**

跨市套利的交割是有风险的，投资者一定要注意，不要满仓操作。同时，不要忘了设置止损位，以便关键时刻及时止损，将损失降低。

跨市套利有很多优势，相比其他投资模式，它收益较稳定，风险也不高，适合资金规模比较大的投资者。对于小额投资者，不建议采取这种方式。

## ▷ 日内短线要这样做

白银价格波动较频繁，从某种程度上讲，比较适合日内短线交易。日内短线交易是一种持仓时间很短、不过夜持仓的交易。专家认为影响白银价格的因素很多，这使银价具有很明显的不确定性，对一些投资者而言，想精准地预测行情并不容易，但预测短期市场行情误差则要相对小很多。这使一些经验丰富的投资者可以通过日内短线交易获得稳定的收益。

白银日内短线操作很适合小资金的散户，这几乎是散户想稳定获利的唯一渠道。此外，由于散户手中的资金有限，抗风险能力不强，做中长线操作并不是很适合，日内短线才是最佳选择。

然而，这种交易方式也并非没有弊端，比如投资者想达到持续稳定获利的目的，就要抽出大量精力，每日长时间盯盘。对于时间并不充足的投资者来说，这显然是不太现实的。闲暇较多的投资者可以选择此方式。

任何一种交易方式都有原则或有潜在的规则，日内短线交易也不例外。首先，投资者既然选择做日内短线，就不能寄希望于一夜暴富，或者一次获取巨额利润，因为日内短线交易的利润通常都很微薄。投资者不可贪心，想做好日内短线交易，操作之前要给自己设定一个比较合理的利润范围，一旦获得的收益达到这个范围，就要马上出局，不能给自己找任何借口，也不能有任何拖延，而后仔细分析行情，静待下一次时机。

其次，要使自己的交易行为顺应市场，太过主观和盲目只会使投资者背离市场方向。

最后，白银投资市场没有最好的交易原则，只有最适合自己的交易原则。投资者一定要找到适合自己的交易原则，以期发现和获得更多的机会。

下面介绍一些白银日内短线的交易策略。

（1）日内短线交易的投资者一定要遵守规则，战胜自身的弱点。在白银投资市场上，并不缺少机会，缺少的是精准的分析和判断，如果你能准确判断每一波行情，可以说遍地都是银子。当然，对投资者而言，想要做到这一点，几乎是不可能的，我们只有尽量使自己的分析正确。

一般而言，交易量越大，交易时间越短，投资者便越有可能在短时间内赚到更多的钱。为了达到这一点，投资者一定要遵守原则，或者更确切地说是遵守获取微利的原则。

用尽可能短的时间来抓住每一次机会，虽然所得利润不多，但量变终究会引起质变。财富就是这样积少成多得来的。

（2）很多做日内短线交易的投资者很推崇盘感，对日内短线投资者而言，盘感的确很重要。若投资者拥有很好的盘感且运用得当，无疑会为自己在投资市场淘金增添助力。但并非每一个投资者都有很好的盘感，不过这部分投资者也无需气馁。在具体操作之前，我们可以先假定市场是上涨还是下跌，然后再拿出一小部分资金去验证，若行情正如我们之前假定的，就选择加码，反之，则立即止损，以期将损失降到最低。

很多时候，面对投资市场，投资者要学会主动出击，不能被动等待。等待，有时只会白白耗费时间和精力。若是等市场证明自己的判断是正确或错误时再开仓或平仓，就会使自己失去获取更多收益的机会。在某种程度上，做日内短线的盘感就是这样一手一手地练出来的。

（3）市场虽然变幻莫测，但银价也并非完全无规则可循。有时候，价格的运行会有一定的惯性。例如，在一波上涨行情中，前一根K线是阴线，但是又回到重要的支撑位，在下一根K线变成阳线且买盘也配合时，投资者可以做多。因为在这种情况下，下一根K线一般也会走出第二根阳线。把握好这一点，投资者就等于抓住了获利的机会。

（4）养成不断做顺势交易的习惯。对日内短线交易的投资者而言，重要的不是一次交易赚了多少，而是每次交易的准确率。如果每次交易的准确率提高，投资者所获得的收益自然不会少。那么，如何提高交易的准确率呢？最关键的一点是坚持做顺势交易，不要逆势操作。因为最低点永远只有一个，在此之前，投资者可能要选错好几次，才能将这一最低点抓住，并且准确率会因此而降低。因此，投资者一定要坚持做顺势交易，在一波上升行情中，不断做多，这样长期坚持下去，投资者就会发现，交易的准确率得到了很大提高。

（5）做白银日内短线，最主要的是把握好即时图、闪电图，看清当前走势。投资者可以通过K线小时图来明确自己的做单方向。

（6）白银日内短线投资与其他投资方式一样，对投资者心态的要求较高。想做好这一交易，需要投资者沉着冷静，获利时不要欣喜若狂，一旦出现亏损，也不要垂头丧气。投资者要认识到，在白银投资市场，无论盈利还是亏损都是正常现象，并且都是暂时的，想要长久获利，最重要的是保持平常心，以一种平和的心态面对变幻莫测的白银市场。

投资者想做好白银日内短线交易，要掌握的策略或者方法并不仅限于上述几种。除上述方法外，投资者想提高自己的技能，还要坚持每天写交易日志，不断对自己的交易行为进行反思和分析。并且要关注基本面，每周将公布的技术指标记录下来，而后结合当前信息对行情进行预测。长此以往，投资者的短线交易准确率必然能逐渐得到提高。

## ▷ 白银投资风险管理

任何投资都存在风险，白银投资也是如此。风险是客观存在的，而且某种程度上它是不可避免的，我们只能降低风险，从而将损失降到最低。

在具体的白银投资中，投资者会面临哪些风险，它们又有怎样的特征呢？从投资研究、行情分析、资金管理、投资方案到投资决策、账户安全、风险控制、不可抗拒因素等方面均可导致风险产生。可以说，在白银投资中，风险无处不在，几乎贯穿了投资的每一个环节。

这些投资风险所具有的特征也很鲜明。首先，它们普遍具有一种客观性。关于这一点，我们无需赘言，因为投资风险本身是有一些不确定的外界因素导致的，这些因素本身是客观存在的，不会凭空消失，也不会轻易转变。

虽然如此，但风险也具有可预见性。我们知道美元走势和黄金价格是影响白银价格的最主要因素，除此之外，供求关系及世界经济大势等也是不可忽视的因素。由此，投资者可以通过对这些因素的分析来预见可能产生的风险。

做好风险管理，对于白银投资者而言，是非常有必要的，它可以降低风险，可以有效地调配资金，也可以使投资者保持良好的投资心态，从而有更多的机会在白银投资市场获利。

白银投资和储藏是截然不同的两个概念，随着银价的大幅波动，盲目进入的投资者很有可能被套牢，因此一定要加强风险防范意识，防患于未然。

实施风险管理有如下几种方法：

（1）投资者在投资之前，就应结合自身情况制订好操作方案，使资金比例的配置更合理，保证在出现操作失误时，有足够的回旋余地。市场几乎每时每刻都在发生变化，如果事先没有制订好操作方案，在具体操作中顺其自然，很可能会使情势失去控制，甚至导致很严重的亏损。在白银投资中，任何的侥幸和贪婪心理都只会使投资者自己深受其苦。制订好操作方案并不打折扣地执行很重要。

（2）白银投资品种丰富多样，并且它们的风险特性以及投资方式等方面都有很大的不同，比如纸白银增值空间较大；白银T+D产生的利益较大；实物白银在变现能力和保值方面占据优势。这几种白银投资品各具优势。对于投资者而言，找到最适合自己的品种很重要，这等于是在无形中降低了一部分风险。

（3）掌握投资信息很重要。想在白银投资市场长久获利，投资者一定要尽可能掌握更多的信息。这并不是一项简单的工作，因为影响白银价格的因素非常多。日常工作之余，投资者可以通过白银投资网站、相关杂志和报纸以及其他渠道来获取白银投资相关的信息，不断完善和丰富自己。

（4）投资者如果有足够的时间分析行情、盯盘，且在白银投资方面经验丰富，可以采取短线操作的方式；投资者若时间有限，无暇顾及，建议选择中长线操作，然后再寻找一个最佳时机套现。

（5）心态很重要，尤其是在投资市场，收益总是与风险相伴而行。但一些投资者始终不能以积极的心态面对风险，或者认为风险所经之处必然带来亏损。这样的心态和思维使投资者在实际操作中缺少决断，面对机遇，常常裹足不前。

在此提醒投资者不必为此忧虑、惊慌，风险虽然是客观存在的，但它也具有可变性和相对性。白银投资的风险是相对于各个投资品种而言的，如果投资者选择现货白银，风险会小一些，但收益也相对低；如果选择白银期货，风险虽大，但收益也要高很多。同时我们也应该认识到白银的投资风险是有可变性的，因为影响白银价格跌涨的一系列因素总在变化，自然也就会对投资者的盈亏造成影响。此外，投资者自身的心态也很重要。投资者心态良好时，往往思路清晰，做出的分析和判断也更准确，反之则可能使看问题的眼光及思维过于主观，不能理性地操作。

## ▷ 白银投资心态管理

在白银投资市场，什么能力最重要？大多数投资者会说当然是市场分析能力。这似乎很正确，如果投资者有很强的市场分析能力，知道什么时候买入，什么时候卖出，一定会一本万利，赚个盆满钵满，但是无论是行业专家，还是“骨灰级”投资者都无法练就绝对准确分析市场的能力。在这种情况下，风险管理能力和心态控制能力就显得尤其重要。

其实，在正确地分析市场、科学地管理风险、正确地控制心态三者当中，很难说清哪一点是最重要的，但最容易被看轻的往往是心态控制。其实，心态控制的重要性一点都不比风险管理和市场分析技能弱。

为什么这么说呢？2011年4月底，一位投资者通过白银涨幅过快及本·拉登被击毙事件分析出白银价格可能会下跌。但是他因为对白银价格上涨而获得收益产生了贪念，没有及时卖出手中的白银产品，导致了严重亏损。这时，他很好的市场敏感度和较强的市场分析能力都形同虚设。

再举一个简单的例子，一位比较容易满足的投资者，在盈利达到一定预期时，对白银价格过快上涨有些不安，因而抛出了手中的白银产品。最终他不但没有亏损，反而获得了令自己满意的收益。这就是心态管理的重要性。

白银投资市场每刻都有金钱进出，时刻挑战着人类的神经，人性的弱点最容易在投资市场中显现出来，它们包括懒惰、主观愿望、贪婪、恐惧。

**懒惰：**主要表现为投资者把白银投资市场看成一个赌场，认为把资金放进去，遇上好的行情就看涨，遇上差的行情则看跌，而不愿意花更多的时间去分析市场。

许多投资者把资金投入白银市场后，只关心今天它涨了多少，明天它跌了多少；今天自己亏了多少，明天自己挣多少；今天专家说了什么，明天专家又说了什么，而不愿意花时间去认真学习基础知识，查询过往行情，训练自己的分析能力。这与赌场上投入资金碰运气有什么区别？而赌场上的赌徒还经常总结经验教训，训练牌技心理和战术。

白银投资市场不乏懒人，所以也不乏输家。没有任何一种投资产品会永远处于最好的投资时代，白银也是如此。投资者既然进入白银市场就应该打起十二分的精神，把白银投资作为一项事业去经营，学习白银投资的基础知识，了解相关的影响因素，时刻关注时事政治，分析市场行情，努力把自己变成行家。只有这样才能训练市场分析和判断能力，为自己的投资做主，达到投资盈利的目的。

**主观愿望：**许多白银投资者都有这样的弱点，如果他们买涨，那么他们就愿意听到利好消息；如果他们买跌，他们就愿意听到利空消息。哪怕这些消息看上去像是庄家们放出的烟雾弹，他们还是愿意相信。如果他们想收获10万元，但他盈利5万元，而市场明显疲软时，他们依然会等待观望，期望达到预期，结果却迎来了一波不利行情；如果他们在投资市场惨败，而且还有亏损的风险，但是他们还是会坚挺在这个市场上观望，丝毫不去分析市场的状况，仅仅因为不想亏那么多，结果亏得更多。凭借主观愿望，只是自欺欺人，最后吃亏的还是自己。

虽然人们通常更愿意相信对自己有利的事，而不是真实的事，但理性的投资者都明白，一个成功的投资者永远都能做到关闭心中的愿望，只做客观的决定，哪怕这个决定是让他感觉到极度不舒服的。只有这样，投资者才能够在投资市场理智地做出一个又一个决定，而不被内心的欲望所困扰。

**贪婪：**投资者的目的是获取尽可能多的收益，但一定要学会克制内心的贪欲，因为许多投资失败正是由于太过贪心造成的。许多初学者经常是因为听别人说投资可以挣大钱，因而进入投资市场，他们幻想着投资能够给他们带来巨大的收益，总害怕错过任何一波行情。

所以当看到大家投资挣钱时，这类投资者盲目地加入，不管现在是否是最好的投资时机，也不管这种投资方式是否适合自己。当已经产生盈利时，总不肯果断地抛出手中持有的白银产品，因为害怕银价上涨还未到顶，自己挣得不够多。他们不想错过任何一波行情，不管自己是否看得清，总想去操作，认为只有操作了才能盈利。特别是面对白银T+D的双向操作时，他们更是频繁地使用短线操作，而实际上许多成熟的投资者都更乐意选择中长线操作。

在杠杆原理的刺激下，很多投资者会盲目地参与，并幻想着把收益扩大到最大化，而忽视其中的风险。

贪念会使投资者失去风险控制的理智，这种激进的做法在市场行情大好时，会给投资者带来巨大的收益，但是一旦市场行情出现波动，则将成为投资者的灾难。而任何一种投资产品都不可能长期处于好行情，大多数时间都是在震荡中上扬。

**恐惧：**这里的恐惧不是指恐惧市场行情，而是恐惧自己，即缺少自信。因此许多投资者总是在高价买入，低价卖出。为什么？因为他们怕自己误了末班车，所以在市场行情十分脆弱的前提下，依旧买入投资产品，结果被高位套牢；又因为他们怕投资市场一蹶不振，价格持续下跌，所以在极低位抛售手中的产品。投资者因为不相信自己，所以产生从众心理，见别人纷纷买入或卖出，唯恐自己落后一步，也跟着盲目地买入或卖出。对于盘小的白银市场来说，跟风心理是比较危险的。在跟风心理的作用下，只要某些用心不良的“庄家”散布某种信息，就一定会引起白银市场的大动荡，令他们在投资市场中大捞一笔，而普通投资者则成为他们的“羊毛产地”。

投资者在投资过程中一定要树立自我意识，有自己的操作理念，遵循市场规则，不要盲目跟风。

“懒惰、主观愿望、贪婪、恐惧”这四种心态，看上去很好克服，但投资者在投资操作过程中极易犯这样的错误，需要投资者不断地提醒自己。想要在投资市场有所斩获，首先要战胜自己。

只有保持健康的投资心态，投资者才能保持理智的投资，更好地进行技术分析和风险控制，合理地分配资源，科学地分析市场，淡然地应对市场的变化，果断地做出正确的操作。保持健康的投资心态是在投资市场取胜的第一步，也是关键的一步。

# 第八章

## 看清形势，聪明投资

## ▷ 白银更适合短线持有

如今，白银和黄金几乎成了全球公认的避险投资品。白银价格很低，几百元就可以炒一手，因此成为很多中小型投资者的首选。其实，相比黄金，白银的优势不止于此。分析师表示，黄金价格波动幅度不是很大，可以说是一种较为稳定的投资品，适合长期持有。而白银则恰恰相反，白银价格的日波动幅度和年波动幅度都很大，由此更适合短线操作，且操作起来比黄金过瘾。

因此，选择白银的投资者越来越多。从近几年白银市场的情况来看，它确实为很多投资者带来了不小的收益。与此同时，高收益背后也有高风险。因此，专家建议投资者要注意风险的规避，最好中短期持有。

相信很多投资者都知道，外汇市场波动异常激烈，即便当下行情很好，但任何人都无法保证这种行情会一直持续下去。在多变的市场环境中，投资者选择短线交易无疑更为稳妥。

### 1. 短线白银的优点

①**机会更多**。在白银投资市场上，往往有这样一种情况，就某一天而言，行情的波动并不大，但波段却很多。对于长线投资者来说，这是一个基本可以忽略不计的行情。但对于短线投资者来说，却是个难得的机会，若操作得当，也会有不小的收获。

②**交易风险较低**。因为是短线交易，投资者不需要顾虑太多，只需根据即时行情操作便可。即便一时判断错误，操作失败，也不必太担心，只要及时处理，一般损失都不太大。而长线投资则不然，一旦操作失败被套，便很可能损失惨重。

③**可积少成多**。一些投资者之所以不愿做短线，是因为觉得每次获益太少。一般而言，在短线操作中，投资者每次赚到的钱确实不多，但投资者一天内可多次交易，如果不出现大的错误，每次交易累积获取的收益就很可观。短线投资者应持这样的心态：不求赚大钱，只求每次都有钱赚。

④**操作失误率降低**。每个投资者对市场行情的预测都不可能百分之百准确。有一句话说“夜长梦多”，等待的时间越长，难以预料的事情发生的几率就越大，时间越短，则相对越稳妥一些。所以整体而言，短线白银投资更稳妥一些，操作的失误率也会低一些。

### 2. 白银短线投资策略：分时做盘点

做白银短线投资，分时做盘点是关键。尤其白银几乎是全天交易，投资者的时间很多，不必急于下单。一般而言，最少也要四个小时分时运行，技术点才会出现，但投资者不需着急，因为关键性的分时技术点要在晚间8:00 ~ 10:30才会出现，投资者有充分的研判时间。

现货白银的分时技术意义并不复杂，分时顶部和分时底部是相同的。只要明白其中的一种，想弄明白另一种，只要倒转过来看就可以了。现在为大家讲解一下分时底部。

提到分时底部，一些投资者会有这样的误区，往往只跟了几分钟，就以为是底了。其实分时底部是会有一段较长的下跌，如果跌得比较慢，这一过程甚至会持续六七个小时，当底部形态的构造出现时，这一过程还会持续两三个或者三四个小时。当然，也有直线下跌的情况，一般这种情况持续时间不会很长，通常一小时之内便会形成一个分时底部。相形之下，慢跌形成的底更稳妥一些。而像前面所说的，一些没有经验的投资者在很短的时间里判断出来的底，大多都是虚的，即便真是底，级别也不高，基本可以忽略不计。

除此之外，白银短线投资技巧还有很多，有些可能已经是老生常谈了。比如在开户的同时，就要设定止损位，一旦设好，就不要怀有侥幸心理，不要轻易变更，让系统自动执行。只有先管理好风险，才能谈到后期的收益。

有分析师认为，在贵金属投资市场上，白银比黄金更坚挺，上涨潜力更大。投资者要充分把握这一优势和特性带来的机遇，在积极关注国际银价和市场供求关系的同时，探索和学习更多交易技巧，不断丰富自身经验。如此才能立足于白银投资市场并不断“吸金”。

## ▷ 不懂止盈，小心“白炒一场”

常言道：会买的是徒弟，会卖的是师傅。许多投资者认为何时买入是制胜的关键，但其实何时卖出更重要，因为只有成功卖出才能实现利润。

2011年5月份的一波下跌行情让白银投资者明白了止盈的重要性。2011年2月，投资者老刘听朋友介绍，了解了白银投资，见朋友白银投资收益颇丰，老刘产生了极大的兴趣。回去后，他就开始认真研究白银投资，最后他决定投入5万元资金购买纸白银。

虽然老刘的投资技巧生疏，但是所幸他遇上了白银的好周期。随后，他卖掉了纸白银合约，大胆地投入到白银T+D的投资中。接下来的两个月时间里，老刘账户资金最多时达到近15万元。老刘那段时间真是人逢喜事精神爽。短短两个多月的时间里，以5万元的投入博到10万元的收益，怎能不高兴?

当时已有专家呼吁白银投资风险骤增，老刘内心也有所忐忑，但是他想如果白银后市已经上涨，而他提前抛出的话，就没法获取更多的利润了。于是他决定继续赌一把，这次他没有那么幸运。因为紧接着就是“黑色五月”，白银价格大幅下挫。面对突然而来的暴跌行情，老刘蒙了，看着账户里的钱一天天变少，老刘既心疼又焦虑，每天期盼着银价反弹，然而却终究没有等到。因为当银价跌至35美元/盎司以下时，老刘有点吃不消了，为了保住本金来日再战，老刘忍痛平仓。最后老刘的这场投资以基本持平收场。

老刘不禁后悔：如果在白银账户数额最高的时候卖掉白银合约，10万元就稳稳当当地进口袋了；或者自己在卖掉纸白银后，就选择止盈，也能挣个2万多元，而现在等于颗粒无收。

五月份的这波下跌行情，使许多与老刘有同样遭遇的投资者不禁发出感叹：白银投资不懂止盈，可能白炒一场啊！

其实，任何投资都是如此，止盈是为了保护投资者的盈利不至于被多变的行情收回。在价格波动幅度较大的白银投资市场，止盈则显得尤为重要。

止盈通常也称为“停利”、“止赢”、“止赚”，是指投资者在价位达到自己预期时挂单出货。投资市场变幻莫测，少有人能一下赚到盆满钵满，保住既得利益很重要，因此，止盈也是一种见好就收的策略。止盈的方法有两种，即静态止盈和动态止盈。

**1. 静态止盈**

静态止盈是指设立具体的盈利目标位，在达到这个盈利目标位时，投资者要立即采取行动，坚决止盈，以免由于贪心不足给自己带来损失。

静态止盈说起来容易，做起来却并不简单。在实际操作中，总有些投资者会迟疑、犹豫，一时难以下定决心。事实上，他们无非是担心一旦现在止盈出货，若后市行情看好，就错过了高价。这种可能性不是没有，但在白银投资市场上，“贪心”是一大忌，投资者不能奢求将每一分钱都赚到手，这是不可能的，而且稍不留神就可能使自己损失更多。

静态止盈位乃是投资者根据自己对市场行情的分析所设立的心理目标位，一旦设立了止盈位，就不会再改变，当银价涨到这一心理价位时，马上获利了结。这种方式不是很适合短线投资者，多为中长线投资者所采用。如果你初入白银市场，对行情缺少足够的了解和预判能力，建议在设立止盈位时，将标准降低，以此将风险降低。

**2. 动态止盈**

动态止盈是指当投资者已经有所获益，但综合市场行情等各方面的因素，投资者觉得价格还有继续上升的空间，因而选择继续持仓，直到价格开始出现下滑，当达到预期的标准时，再获利卖出的手段。

设置此止盈位的标准有以下几种：

首先，根据价格回落的幅度来设置。一般而言，投资者会就当前银价与最高价相比，在减少5%～10%时卖出。当然，这一数据仅供参考，在实际操作中，若发现价格已经见顶，即便没有达到这一数值，也要止盈卖出。

其次，均线破位止盈。在具体操作中，投资者对均线的使用和参照较为频繁。何为均线呢？顾名思义，均线就是一连几天价格的平均价。使用这种方法的前提是精准地找出那条移动平均线。寻找的方法略显复杂，投资者可通过对以往趋势的验证，来不断修正所得参数，直到找到这样一条均线：它可以将过往大多数K线都包括在内。这条均线就是我们要找的止盈平均线。

通常在一轮上升行情中，均线会随着银价上升，但当均线被银价击穿，则意味着行情将走低，为保住既得利益，投资者应选择止盈卖出。

再次，技术形态止盈。当银价涨到一定程度，便会滞涨，且开始构筑各种头部形态，这时投资者应马上止盈。

此外，还有关键点位和盘区止盈法。从某种程度上讲，最关键的是高点、最低点和从来没有触及过的整数大关。一旦价格运行到此处而改变方向，则表明此处有相当大的阻力，投资者可考虑获利了结。若这几个关键点被价格击穿，此后价格又回来了，就说明原来的趋势变了。

通常，哪里成交量密集，就说明哪里资金被套牢的多，因此投资者一定要注意，尤其要注意盘区上下边沿，可以据此设立止盈位。值得一提的是，若盘区被突破，价格没有上扬，或暂时上扬后又出现回落，投资者就要警惕了。当价格回落到盘区内，说明此盘区的压力以及支撑作用已经消失了。

还有一种止盈方法叫盘感止盈法。一旦出现大的单边市，均线、趋势线、关键点以及盘区都会跟不上，在这种情况下，投资者就要根据自己的盘感止盈了。这时投资者要仔细分析上涨速度、回调速度和深度、回调结束后上行的力度以及相关品种的运行情况等，集中精神，调动自己所有感官，认真分析，找准市场行情转折点。

对有经验的投资者来说，以上方法并不难，但在应用之前，要找到止盈点。然而市场瞬息万变，我们怎样才能找到止盈点呢?

在讲如何寻找恰当的止盈点前，读者首先要明白两点：第一，绝对正确的止盈点是不存在的。投资者只能根据自己的情况和预期，以及对市场的判断来寻找属于自己的止盈点。第二，止盈与止损的操作模式不同。止盈是为了保证获利，而止损则是我们保障本金的最后一道防线。因此，止损带有绝对性和保守性；而止盈则可以相对激进一些，投资者不必因为一点点的盈利就盲目运用止盈理念。如果只盈利一点，投资者就抛售，那么在震荡的整体市场中，投资者总体收益很有可能会是负数。

接下来我们来讲讲止盈的操作思路：

首先，对于上涨行情中的止盈，投资者在投资前，先要根据市场综合行情及近期发展态势对盈利做个预期。当已开始盈利时，投资者应该注意观察近期影响白银价格涨跌的因素的变化，再确定新的止盈点。根据前期历史价格波动分析、近期白银投资前景分析以及自己的综合收益预期，投资者可选择一个折中的止盈点。

其次，如果是回调或者反弹时产生的盈利，当行情回调至你最初预期的盈利点，投资者可分析行情回调的原因，如果市场上有绝对利好消息则可继续持仓，并且这只是阶段性回调，投资者应该暂时平仓出场，尽可能保持收益最大化。

止盈与止损相比，少了确定性内容，更多地依靠投资者的自行分析能力以及个人的投资风格，具有更多的个人色彩。

无论是“激进派”还是“保守派”，投资者都应该时刻保持止盈理念，因为只有这样才能在白银投资市场上保持冷静的头脑，保护已经获得的利润。只有当你真正把投资产品卖出去后，才算完成了这项交易，才算在投资中获取了利润。任何没有卖出的投资品，无论它的价格有多高，都有可能因市场的波动使得原有利润消失。

如果投资者有卖出的决心，止盈并不是一件多么艰难的事情。看到银价出现滞涨或者开始下跌，已经获利的投资者必然心中有所警觉，从理论上，他们也明白止盈的重要性，但实际操作起来，往往犹豫不决。身处投资市场，输赢常在一念之间，一定要当断则断，千万不要因一时的犹豫贻误了时机，给自己带来更大的损失。

## ▷ 理性投资，绕过投机操作陷阱

有些投资者认为，投机盛行的年代未尝不是好年代。因为有投机就有价格涨跌，如果能把握时机低价买入高价卖出，就有获利的可能。看似如此，但是众多案例表明，在投机市场里，大部分的投资者都会成为为投机大户提供羊毛的羊。

因为现代投机大部分是有组织、有计划的市场操控行为。投机的操作流程为：投机大户寻找某个契机，投机某种商品，这个商品可能是有一定价值的，也有可能没有价值。受投机操控者进入的影响，这宗商品一般会出现小幅度的上涨，加上看似有利商品价格上涨的因素刺激人们的神经，再加上投机操控者通过媒体等渠道大肆宣传，带动其他媒介免费为其宣传。普通投资者或投机者受到蛊惑，进入投资市场，投机操控者继续跟进，再次提升商品价格。如此几次之后，投机者根据自己的预期，卖出商品获利，退出投机市场。商品价格一路狂跌，投资者损失惨重。

从这个操作模式可以看出，普通投机者的获利来自投资者的亏损，而非从经济发展中获利。这就意味着投机操控者获利越多，普通投资者付出的代价越大。

这种现象在股票投资市场最常见。比如令股票散户被套长达七年之久的“青山纸业”股票操纵案。2000年，众多股民在当时的“中国股荐第一人”赵笑云的大力推荐下，购入自1997年上市以来就一直表现平平的青山纸业股票，并最终被套牢。而推荐者赵笑云则在下跌前就套利逃往海外，独留普通投资者苦苦支撑。

直到2007年，终于出现大牛市，投资者才有机会解套。但是鲜有股民有耐心持有这只业绩平平的股票七年，大部分投资者在这次操作案中血本无归。

面对资金雄厚及掌握言论渠道的庞大投机操控者集团，普通投资者企图从这场投机游戏中全身而退都如此困难，更何况是投资获利?

那么，面对这种真假难辨的投机操作陷阱，投资者该如何分辨，从而理性投资呢?

**1. 投资者要分清楚投资和投机的区别**

市场上通常把看重投资品的价值，买入持有某个商品，做长线投资，然后逢高卖出的行为称之为投资；把只看重某个投资品近期的上涨空间，做中短线操作，低价买入高价卖出的行为，称之为投机。投资和投机的最重要区别在于投资这项产品的理由：投资看重内在价值，投机看重炒作空间。

投资者想要知道自己是在投资还是在投机，最重要的是看自己是否正在为一个“臭罐头”做交易。

经济领域有一个“臭罐头理论”。它讲的是华尔街一些资本操作天才们正在不断地交易一盒罐头，一人以较高价格购买该罐头，然后再以更高的价格卖给另一个炒作者，罐头价格就这样被一路炒高。后来有位普通投资者购得这罐罐头，他想看看这罐罐头到底是什么做成的，居然卖这么高的价格，等他打开时却发现这居然是罐已经发臭的罐头。于是，他找到上家质问：“一罐臭了的不能食用的罐头你卖我这么贵的价格！”华尔街炒手们则耸耸肩，无所谓地说：“这罐头是用来炒的，不是用来吃的。”

这个案例教育普通的投资者，不管他人吹得如何天花乱坠，投资者都该保持冷静的头脑，分析你即将为之投入财富的投资品是否具有投资价值，如果有价值，它现在的价格是否已经超过了它的价值。

**2. 在价格疯涨时保持冷静的头脑**

某种投资品或许有投资价值，但是投资者在投资这种产品时，依旧要保持清醒的头脑，不管是曾经的荷兰郁金香、日本的房产还是其他，无一例外都有一个共同点：投资者盲目、乐观地认为，该商品价格将永远涨下去。

投资者应该清醒地知道，任何投资品都是有价格的，但价格不可能无限制上涨。不管投入多少资金炒作，最终它都会回归到它的理性价位。

因此，投资者无论何时都该保持冷静的头脑，当投资品价格上涨到与商品价值基本等值时，一定要抛售手中的投资品。因为这意味着之后的任何时间都有可能是商品的下跌点。

**3. 小心投机反向操作**

投机还有一种操作模式是拉低某投资品的价格，引发市场惶恐心理，然后再抬升价格，从中获利。

最近“西藏发展”股票的操纵案例就是如此。操纵者先拉低“西藏发展”的股票价格，引发散户大量抛售股票，然后操纵者又注入资金抬升股价，待散户跟进时开始抛售，赚取暴利。

**4. 平和的心态最重要**

马克思曾说，有20%的利润，人们就活跃起来；有50%的利润，人们就铤而走险；为了100%的利润，人们就敢践踏一切人间法律；有300%的利润，人们就敢犯任何罪行，甚至冒绞死的危险。由此可见，资本是疯狂的，人性中也有其疯狂的一面。在资本市场，受财富的刺激，人性将变得更加疯狂，这时谁冷静谁受益。面对疯狂的投机市场，保持平和的心态很重要。

面对动辄几千万元、几亿元的投资市场，作为散户，你的那点资本根本不值一提，犹如沧海之一粟，瞬间便被惊涛骇浪吞噬，消弭于无形。

为了不被投机者利用，在面对疯狂的上涨预言和形势时，投资者要注意克制内心的贪念，谨慎为之。

普通投资者面对投机操控者以及投机市场，是一场胳膊拧不过大腿的较量，投资者在投资某项产品时首先要分清自己是在投资还是在投机，面对投机时，要懂得止盈，并有良好的心态，拒绝被贪念控制。

绕过投机操作陷阱，理性投资，是普通散户的必修课程。否则如股票市场一样动辄庄家赢、散户输多赢少的局面将会被频繁复制到其他投资品市场。

## ▷ 及时卖出，以防被套

纸白银的卖出信号有哪些？想在纸白银投资市场上获利，这一点是投资者们不得不研究的一个课题。在这一节中，我们就为大家重点介绍一下纸白银的卖出信号，以及投资者一旦错过卖出信号被套后如何解套。

**1. 纸白银卖出信号**

（1）行情大好，价格持续上涨，当天的开盘价缩在昨天的大阳线之内，且有阴线出现时，表示上涨乏力，将开始一轮下跌。隔一日后，若又有一条上影线出现，也是价格大跌的前兆。

（2）要注意跳空。当两条阴阳线没有交叉，中间出现空格，这种情况就是跳空。如果接连有三根跳空阳线出现，投资者就要注意了，为避免被套牢，一定要伺机先行获利了结。

（3）若行情一连数天看涨，隔天开出高盘，紧接着买盘不愿买在高点，使整体势头下滑，收盘价大跌，持续跌至昨日阳线以内。为避免损失更多，投资者一定要适时卖出。

（4）若行情一连数天看涨，隔天忽然有一条阳线出现，并且缩在昨日的大阳线之内，则是价格大跌的征兆。

（5）之前的买盘由于获利了结而杀出，后于高档开盘，这样一来，大势下滑，此时由于低挡恰好又逢有力承接，使得价格上扬。这样的情况，看上去好像买盘转强，但投资者一定要谨慎，防止主力拉高出货，持仓的投资者可伺机抛出。

（6）如果自高档顺次而下，又出现两根阴线，投资者就要注意了。这两根阴线又被称为反击顺沿线。这时又出现一大根阳线，在此阳线打击下，似乎买盘力道增强。然而真实情况并非如此，此时为防主力拉高出货，宜做空。

（7）一旦高价圈出现开盘收盘等价线，也即“十字线”，并且有上下影线出现，投资者就应该注意了。这时，如果上影线明显较下影线长，投资者可立即将手中的纸白银卖出。因为这说明纸白银价格已经涨到一定高度，很难再涨，接下来可能就要下跌了。

（8）纸白银行情持续看涨，数天之后，忽然有一根阴线出现，第三天又有一根大阳线出现，将之前这根阴线包住。对此，一些投资者会以为买盘增强了，其实未必，如果第三天行情低于大阳线的收盘价，一定要做空。反之，也要慎重。

（9）当一路看涨的行情忽然出现尽头线，则说明上涨乏力，将迎来一波下跌行情，适宜先行获利了结。

（10）当行情形成一条十字线，第三天又有一根阴线出现，则是行情暴跌的征兆。投资者一定要抓住这一卖出信号。

（11）若持续下跌行情中，有一条大阴线出现，第三日开始，有三根小阳线接连出现，投资者就要注意了，此时筑底并未完成。

若之后又有一条大阴线出现，价格将持续走低，适宜做空。

（12）阴线持续出现几日后，有一根向上的阳线出现，说明价格将持续下滑，宜卖出。

（13）价格跳空上涨后，有三根大阳线拉出，紧接着又有一根十字线出现，则表示上涨幅度太大，买盘不愿追高，价格将大幅下跌。

（14）一旦在下跌行情中有极线出现，说明价格将继续下跌，投资者一定要及时脱手。

（15）如果前一日的大阳线包含了当天的十字线，就说明买盘减弱了，价格即将随之下跌。

（16）当行情上涨达到一个月以上时，有连续二条下降阴线出现，则说明前些日子涨幅过高，价格已无力再涨，市场将迎来一波下跌行情。

（17）一般六日至十一日为整理时间，如果紧接着有跳空阴线出现，预示着行情将开始大跌，行情会持续回档整理。

（18）当价位上扬到第八个新高价线，这种情况被称为“八段高峰获利了结”，宜卖出。如想继续持有，也要在第十三个新高价线之前脱手。

（19）当一轮下跌行情中，有连续二条阴线出现，说明价格将暴跌。一般在两条阴线出现前，行情会出现小幅反弹，这时若有阴线连续出现，则是买盘大崩盘的象征，接下来行情将持续下跌。

（20）在持续下降阴线中，有一条开低走高的阳线出现时，说明行情将持续下跌，投资者应及时卖出。

（21）当行情第一次出现天价后，开始回落，在第二次想攀升时，由于卖盘太多，没能超越第一次的天价，在其附近形成第二次天价，而后继续回落，这时投资者应选择卖出。

（22）当涨幅过高时，如果有连续五条阴线出现，表明进入盘局。这时，如果成交量不理想，可视为情势不妙的信号，应及时脱手。

（23）在高档震荡行情中，如果有一条包容大阴线出现，第三天又出现一条下降阳线，紧接着又有覆盖线出现，说明已经达到天价，应选择及时脱手。

**2. 如何解套**

投资市场波诡云谲，虽然介绍了种种及时卖出、防止被套的信号，然而仍有不少投资在实际操作中被套。为此，投资者一定设置止损位。起初投资可能会由于判断失误出现扫损，但一旦被套，就可能面临着抗亏损、割肉和锁单等局面。由此，投资者不必过于强求获益解套，防止最后的损失远高于最初的扫损。

通常情况下，不建议投资者锁仓，投资之前，投资者首先应该考虑到风险控制事宜，在此基础上才能谈到获利。

一旦被套，投资者可根据以下三点解套：

（1）根据手中持仓量进行决断。如果是轻度套牢，投资者有两条路可走，要么利用反弹行情解套，要么逢高减仓。如果是高位套牢，也可以逢高减仓，如此一来，便可在下一波行情中拥有一定资金优势。

（2）根据买入时的状态处理。如果被套时，买入的价格居于高位，应马上止损；如果买入价格处于中段，可观望一阵，看有无逢高减仓的机会，因为这样可以减少损失；若买入价格处于低位，无需忙着止损，宜在下跌企稳后低位补仓，将成本摊薄，于下一轮反弹行情中将套牢的仓位一起救出。

（3）根据买入时的趋势状态进行决断。若买入时的价格是上升趋势，可选择暂时继续持有，等待解套及获利的时机；若买入的价格正处于震荡期，也可看情况继续持有一段时间，待其进入高位、损失不大时再果断出手；若买入价格是在下跌趋势，宜立即止损，不可犹豫观望，以免被套得更深。

以上介绍了几种卖出信号及解套方法，在具体操作过程中，一旦被套，投资者可灵活运用，切忌贪心，使自己被套得更深。

## ▷ 做一个看清形势的白银投资散户

在白银投资市场上，投资者一定要时刻看清形势。近几年的白银市场行情中，较为惊心的是发生在2011年5月的一波行情。当时，很多投资者正在喜气洋洋地等着白银再创辉煌，却不幸迎来了国际白银价格高台跳水，依附国际银价的中国银价首当其冲。当年5月第一周，白银跌幅超过25%，上海金交所出现了罕见的连日跌停板，90%的白银T+D做多客收到了银行要求追加保证金的短信。白银由多转空，暴涨之后开始暴跌，根本不符合市场的一般规律和走势。

许多专家认为，那次暴跌是由于美国政府击毙本·拉登后，威胁美国安全的因素减少，美元将走高，人们的避险情绪减弱，从而导致白银价格上涨失去了最有力的支撑位。

但是，正如一个本·拉登无法击溃美国的经济一般，击毙本·拉登也无法拯救美国的经济。其真正的原因有两点：一是2011年4月25日和29日纽约商品交易所两次提高保证金比例，抑制了投机成本；二是国际巨鳄们对黄金、白银的投机达到了其盈利预期，于是其资本借机出逃。

国际媒体透露，在白银暴跌前，金融大鳄索罗斯和巴菲特早已抛尽手中的白银。国际资本大鳄们及投机集团们也纷纷改口，对国际贵金属的看法由看多转为看空。中国散户正好接了国际资本大鳄的盘，为他们垫背。

除了国际金融大鳄外，国内也有投机者的身影，如原来热衷于炒房的温商、山西煤老板把资金转入银币市场，动辄一次购买成百上千银币。许多销售商也表明，银币飞涨的一大原因是热钱的介入。

所幸的是，时至今日，白银价格并未疯狂下跌不止。但是白银盘小，几个金融大鳄联手就可以卷起一场腥风血雨，因此虽然白银投资历史并不长，但是投机的影子随处可见。盘小价低的白银投资市场最易受投机影响，从而引起大涨大跌。

经济学家郎咸平这样描述投机："投机是一亿人的富裕导致十二亿人更加贫穷"的行为。作为资金有限的普通投资者，我们无法成为那一亿人，但是我们也不想成为那一亿人的"鱼肉"。

所以，在白银投资过程中我们要成为一个看得清形势的散户，不被投机操控者操纵于股掌间，自己的金钱自己做主。

**1. 不要有投机的心态**

投资市场，尤其是在暴涨的白银市场，人们很容易被贪念所左右。但投资者要时刻记住一点，暴涨的背后或许隐藏着暴跌。如果明知白银价格已经超越白银的价值，却依然抱着想要借机捞一笔的心态进行投机，那么你永远不知道哪一刻将迎来白银的下跌。因为，投机永远是富人的游戏，游戏规则由别人来定，他们决定何时开始何时结束，普通投资者永远不会知道。所以抱着投机的目的投资白银，投资者应该做好随时迎接暴跌的准备。

历史上许多著名的投机案例告诉我们一个道理，胳膊永远拧不过大腿，普通投资者参与投机的最终结果多半是为投机者“做嫁衣”，而自己“老无所依”。

**2. 时刻谨记止盈才是真的盈利**

投机者是贪婪的，但是他们炒作投机市场的成功利用的是投资市场上普通投资者的贪婪。

许多时候，投资者并非因判断失误而损失惨重，而是因为贪婪，明知投资品价格已经远高于其价值，依旧抱着侥幸的心态等待获取更多的利润。最后不但损失了原本已经获得的利润，还搭进了本金。

在经常暴跌暴涨的白银市场，人们更加难做到及时止盈。

通常情况是这样的，当白银价格从7元/克涨到8元/克，投资者会惊讶竟然在短短的时间里就达到了自己的预期。按照之前的规划，应该要卖出获利了，但是白银价格涨势喜人，现在投资者若是抛掉又会心有不甘。于是投资者再等，价格从8元/克到了9元/克。投资者想：看来原先的判断是对的，说不定过段时间就涨到10元/克呢。但是孰不知投机者的价位是9.5元/克，你永远等不到10元/克的到来，而是等来了一波下跌行情，直接跌至7元/克。

投资是为了获取财富，但投资的最忌是贪婪，懂得止盈在白银投资市场大涨大跌的波动行情中尤其重要。

**3. 根据黄金判断白银**

白银作为一项投资品，成立时间短，而且每波行情间隔时间长，可用于分析的数据及案例很少，白银投资对于许多投资者乃至专家来说都是相对陌生的。这也是由于市场上关于白银价格预测、操作手法介绍混乱而不精确的原因，因为大家都在摸着石头过河。

建议投资者可以根据同一时段黄金的波动来分析白银的行情。历史数据告诉我们，白银价格波动与黄金价格波动基本成正比，相关性高达78%，在22%的反向波动中，很大一部分是受白银投资市场投机因素的影响。

黄金与白银涨跌的历史还存在这样一个特点，当黄金价格下跌时，如果白银价格依旧疯狂上涨，往往是因为投机操作，紧接着就是白银价格的疯狂下跌。因此，投资者如果发现黄金价格下跌，而白银价格上涨的情况，要尤其小心投机风险。

**4. 看清形势，再行入市**

还是那句话，并非所有的投资机会我们都要把握。对于自己看不懂的行情，或许它能给我们带来盈利，使得我们的财富迅速增值，又或者错过了这波行情，再也遇不到如此好的机会。但是我们时刻要记住，投资是锦上添花的事情，而非让我们一夜暴富的神话。

投资是一件理性的事情，需要我们清楚地知道自己在做什么，能够把控什么。在投资之前，我们要了解产品的大致走向，看清形势，才能在投资市场为自己的财富做主。

## ▷ 走出白银投资中的心理误区

投资者在白银市场失败的原因有很多种，除了经验、技术等方面欠缺外，还有一种原因容易导致投资失败——心理误区。以下便是几种常见的心理误区。

**1. 人云亦云，缺少理性**

白银投资市场上往往有这样一类投资者，看见别人买入，他也买入；一旦别人卖出，他便也匆忙跟着卖出。这种行为又被称为“追涨杀跌”，实际上是一种人云亦云的行为。投资者要有自己的主张，仔细分析行情，结合自身情况进行理性操作。

**2. 赌徒心态**

投资和赌博是截然不同的两个概念，却偏偏有人将投资看成赌博，做着一夜暴富的美梦。这样的投资者一旦碰对了方向，便会不管不顾，一再加注，恨不得把自己的全部资产都投进去。白银市场不是赌场，这种破釜沉舟的做法是要不得的，一旦行情不利于己，便会损失惨重，甚至破产。

### 3. 犹豫不决，错失良机

白银投资市场波动较大，机会稍纵即逝。相信很多人都明白这样的道理，但还是难免有投资者在具体操作中犹豫不决。这样的投资者多半属于谨小慎微型，在入市之前，就已制定相关的投资策略，但真正步入市场中时，常常因他人的言论而对自己的计划产生质疑，从而失去了获益的大好机会。

### 4. 见好就收

有些投资者在选择一种白银投资产品后，一旦发现行情良好，便迫不及待想卖出，觉得只有卖出去了，把钱放在口袋里了，才会有安全感。然而，白银投资市场上往往会有这样一种情况，当投资者将手中的投资品卖出后，价格仍不断上涨，且涨幅比之前还大。之前我们说过投资者不能过于贪心，但这并不意味着要见好就收。

这时，投资者要有理性的判断。在白银市场上，一种白银投资品的价格并不总能体现其实际价值。当投资者发现一种投资品的价格已经过度上升，就不要盲目买入，因为一旦买入，价格势必下跌。

### 5. 偏听偏信

有些投资者买进一种白银投资品后，一旦听到一些不利于己的言论，便心中慌乱，对手中持有的投资品也没了信心，为防止发生损失，立即卖出。然而，一旦尘埃落定之后，投资者往往发现，这一切不过是虚惊一场。

听到负面消息时，投资者一定要冷静，千万不能慌乱，要对消息的来源、真实性进行分析后再决定如何操作。

**6. 过于紧张**

利益总是与风险同行。白银投资市场里可谓充满了风险，即便是久经市场的专家级投资者，也不可能连连得手。所以投资者大可不必过分看重投资结果，否则难免畏首畏尾、谨小慎微，而白白错失了良机。

投资市场千变万化，没有人能一直获益，也没有人会一直赔钱。如果这样说能让你看开一些，不妨在理性分析的基础上放手一搏吧。

**7. 不闻不问**

有些投资者或者是由于工作繁忙，或者是因为不懂投资理财，在买入某种白银投资品后，便放在那里，听之任之，顺其自然，基本很少操作，或者干脆全权交给自己的家人、朋友或者经纪人管理。这种做法是不可取的，若遇到不利于己的行情或操作不当，投资者便会损失惨重。

选择一种白银投资品后，即便投资者不具备相关方面的知识，也不要轻易委托给他人，要尽可能去了解和学习，关注市场动态。唯有这样，才能在获益的同时，使自己的经验和技巧不断丰富，日后获得更大的收益。

在实际操作中，投资者的心理误区有很多，以上几种是比较典型的。对投资而言，经验很重要，技巧很重要，心理素质同样重要。我们可以因为经验不足而投资失败，但不要由于一些主观原因给自己带来损失。

# 参考文献

1. 李志尚. 现货白银投资指南［M］. 广州：广东经济出版社有限公司，2013.

2. 纪永英. 白银投资必胜术［M］. 太原：山西人民出版社发行部，2011.

3. 宋会举. 白银操盘实战策略［M］. 北京：中国社会出版社，2013.

4. 韩炳刚，周峰. 白银投资交易实战入门［M］. 北京：中国铁道出版社，2013.

5. 宋鸿兵. 货币战争［M］. 北京：中信出版社，2007.

6. 约翰·高博瑞. 1929年大崩盘［M］. 台北：经济新潮出版社，2009.

**图书在版编目(CIP)数据**

白银投资实战手册/纪永英,董媛媛著. —成都:西南财经大学出版社,2014.9
ISBN 978-7-5504-1497-6

Ⅰ.①白… Ⅱ.①纪…②董… Ⅲ.①银—投资—手册 Ⅳ.①F830.9-62

中国版本图书馆 CIP 数据核字(2014)第 158275 号

**白银投资实战手册**
纪永英 董媛媛 著

图书策划:亨通堂文化
责任编辑:张明星
责任校对:李 筱
特约编辑:朱 莹
责任印制:封俊川

| | |
|---|---|
| 出版发行 | 西南财经大学出版社(四川省成都市光华村街 55 号) |
| 网 址 | http://www.bookcj.com |
| 电子邮件 | bookcj@foxmail.com |
| 邮政编码 | 610074 |
| 电 话 | 028-87353785 87352368 |
| 印 刷 | 北京合众协力印刷有限公司 |
| 成品尺寸 | 165mm×230mm |
| 印 张 | 14.5 |
| 字 数 | 160 千字 |
| 版 次 | 2014 年 9 月第 1 版 |
| 印 次 | 2014 年 9 月第 1 次印刷 |
| 书 号 | ISBN 978-7-5504-1497-6 |
| 定 价 | 32.00 元 |